# 经营的常识

路长全 ● 著

U0366740

# COMMON SENSE

OF MANAGEMENT

清华大学出版社

北京

## 内 容 简 介

本书分为五章，分别从商业的常识、商业模式的常识、品牌的常识、策略的常识、战略的常识五大方面，融合作者30余年来亲自运作或研究过的真实案例——"洋河蓝色经典""鲁花花生油""东阿阿胶""公牛安全插座""特斯拉""苹果""戴森吹风机"等国内外知名企业与互联网时代的众多新生案例，以生动的形式，系统阐述营销的理论和方法。

阅读本书，你会明白：商业世界的所有成功，都有迹可循；所有的失败，都曾有过预示。你会坚信：没有哪家企业强大到不能被挑战，没有哪家企业真的弱小到不能成为第一！

**图书在版编目（CIP）数据**

经营的常识 / 路长全著. — 北京：清华大学出版社，2024.2
ISBN 978-7-302-65384-4

Ⅰ.①经…　Ⅱ.①路…　Ⅲ.①商业经营—基本知识　Ⅳ.①F713

中国国家版本馆CIP数据核字(2024)第043342号

责任编辑：徐永杰
封面设计：汉风唐韵
责任校对：王荣静
责任印制：宋　林

出版发行：清华大学出版社
　　　　　网　　址：https://www.tup.com.cn，https://www.wqxuetang.com
　　　　　地　　址：北京清华大学学研大厦 A 座　　邮　编：100084
　　　　　社 总 机：010-83470000　　　　　　　　邮　购：010-62786544
　　　　　投稿与读者服务：010-84370000，c-service@tup.tsinghua.edu.cn
　　　　　质量反馈：010-62772015，zhiliang@tup.tsinghua.edu.cn
印 装 者：河北鹏润印刷有限公司
经　　销：全国新华书店
开　　本：170mm×230mm　　印　张：13　　字　数：184千字
版　　次：2024 年 3 月第 1 版　　印　次：2024 年 3 月第 1 次印刷
定　　价：98.00 元

产品编号：104444-01

## 我为什么要写这本书?

"老师,为什么我实实在在做事,努力 20 年,还是赚不到钱?"

"老师,我如何才能将企业做得像鲁花、公牛那样成功?"

"老师,我该选择什么样的创业项目?"

"老师,我怎样才能快速致富?"

……

每年总有成千上万的企业家和商业经营者不断地给我提出类似的商业问题。

而当上千万学员和粉丝在线上、线下同时学习"路长全营销课堂"后,上述商业问题更是通过网络潮水般涌了过来。

我有必要写一本书,系统回应这些可敬可爱的在商海中搏击的学员们。

做企业、搞创业、经商,容易吗?

很多人说是"九死一生",这太高估成功的概率了。真正的成功者能有 1% 就不错了,创业者是"九十九死一生"。

失败企业家的数量远远大于成功企业家的数量,这叫"幸存者偏差",大量的失败者已无法发声,能被人们看到的是经过多层筛选而留下的极少数幸存者。

一些创业者倾家荡产，甚至家破人亡；一些人在商业竞争的压力下抑郁；一些人因非法敛财锒铛入狱；一些人在商海中昙花一现，又快速坠入谷底。

为什么成功者凤毛麟角？为什么大量的商业愿望难以梦想成真？

因为多数人不理解商业世界的基本常识，他们凭借似是而非的看法和想发财的激情，纵身跃入需要极高智慧的、汹涌澎湃的商海中。

**这就犹如一直在黑暗森林中赶夜路，既不了解地形，也不了解何处有豺狼虎豹出没。在这个过程中，要么被虎狼吃掉，要么跌进水坑或者陷阱中伤痕累累……能走出这片黑暗森林的人极少。**

战略、竞争、模式、需求、供给、价值、价格……这些名词耳熟能详，但是多数人都不懂其真正的含义。

任正非、乔布斯、马斯克这些闪烁在商业世界中的巨星，他们为什么能成功？

相反，也有很多商业世界中曾经的巨富都昙花一现。他们和乔布斯们相差的到底是什么？

我经历了中国市场实践的风雨，见证了中国企业家们的商海沉浮，感受着中国企业家们的辛酸苦辣，我和数以千计的企业家们携手探索着企业生存和发展的经验和教训，本书正是中国企业家们共同商业实践的心血凝练。

本书正是基于我 30 余年的企业战略与品牌营销经验，以及我在北京大学、清华大学、浙江大学等 MBA 班讲课的讲义编辑而成，是和中国企业家们互动的商业知识，这些来自中国市场一线的商业智慧与竞争实践可以给商海中的中国人以启发。

# 第一章　商业的常识

10 亿中国人从事的商业活动，依靠什么样的底层逻辑在运转？

大多数人不理解商业的基本知识，以至于付出几十年心血，什么都学了一遍却一无所获，甚至有人在商业竞争的压力下抑郁。但是，截至 2023 年 6 月，中国的小微企业上升到 1 亿家，至少 10 亿中国人都在不同的岗位上从事各种各样的商业活动，并依赖商业所得维持生计。

你想要的一切都是通过交换所得。用你所有，换他所需；用你所能，换他所要。很多美好的名词，其本质都是价值交换，如友谊、婚姻、关系、圈子……没有交换就没有社会的正常运转、市场的形成。

# 第二章 商业模式的常识

产品力决定你好不好，品牌力决定你强不强，模式力决定你大不大！

石油大王洛克菲勒赚的第一桶金，是通过免费送煤油灯，持续卖煤油的方式发家；利乐公司通过赠送免费的杀菌设备，持续地靠利乐包装赚钱。

亚马逊、阿里这类企业之所以能引起全球政府的高度警觉，是因为它们用了国家级的收费模式，通过"修路架桥"的方式收取所有的过路费，这是商业世界的"大杀器"。

睡着的时候还有钱赚，这是多么美好的人生，你认为这是不可思议的梦想，人家却早已经实现。比如，让太阳发电，让流水发电，让大地结出的果实源源不断地赚钱。

# 第三章　品牌的常识

品牌是枪膛，产品是子弹，没有枪的子弹，发射不远。产品是火，品牌是风，没有风，火烧不旺。品牌源于产品，但高于产品，它是认知世界里消费者购买产品的指路明灯。

把产品等同于商品，是商业经营里最大的误区，产品通过经营才能成为商品。同样，把商品等同于品牌，是另一个大的误区。商品只有升级为认知世界里的一面旗帜，才能完成向品牌的飞跃。

为什么人们对大熊猫那么好？因为熊猫是国宝。为什么人们可以随意地杀猪？因为猪是餐桌上的肉食。它们的命运都由人类的认知决定，产品竞争的最高境界，是建立在有效的认知上，征服消费者的心智。

如果让婴儿与妈妈分开，在看不清谁是妈妈的情况下，当陌生人抱起婴儿时，他会大哭，当妈妈抱起婴儿时，他会立刻停止哭泣，原因在于婴儿通过嗅觉、触觉、听觉等五感分辨出妈妈的特征。

那些全球顶级的品牌，通过五感设计出差异化特征，让用户最快地识别出自己是谁，如可口可乐瓶身的红色、百年不变的标志、开瓶时的冒汽声等。

不能赢得消费者信任的不叫品牌，背书是解决"你为什么厉害"、能不能被信赖、品牌值不值钱的问题。有品牌背书的企业，相当于有权威的第三方为你做担保；没有做品牌背书的企业，做广告都像"王婆卖瓜，自卖自夸"。

小企业营销的目的是兜售产品，大企业是兜售价值，顶级企业是兜售价值观。价值观是人类世界不可多得、具有稀缺性、无限定价的商品，这就是香奈儿、圣罗兰、马斯克兜售的东西。

一对夫妻吵架，男人滔滔不绝地讲道理，用的是左脑，即理性思维；女人口口声声问"你爱不爱我"，用的是右脑，即感性思维。品牌营销和男女吵架一样，都理性，会很枯燥；都感性，又会让人毫无头绪。真正厉害的品牌营销方式是"理性＋感性"，双管齐下，攻下消费者的"钱包"。

# 第四章　策略的常识

策略是通往目标的路径，好的路径一定是建立在优势凸显与竞争互补上的。

品类是客户购买产品时的最后一级分类，占有某一个品类认知，就相当于占有市场的一部分。所以，让品牌等于某品类，是商业竞争的顶级策略，就像鲁花＝花生油、公牛＝插座、东阿＝阿胶。

"定价定天下"，这句话的荒谬之处，是把企业引导到盲目提高价格的方向上。正确的说法是"定价值定天下"，先有价值，才有价格，价格只是价值的表达方式。真正的商业高手，是用价值定天下。

西方顶级的企业都在建立自己的商业飞轮，会产生越来越快的飞轮效应，以 A 产生 B，B 反过来强化 A，这就是正向转动的飞轮。少数企业之所以没有成功，是因为它们只重视杂耍效应，就像一只手玩很多球，看起来眼花缭乱，实际上无法持久。

在开锁匠的眼中，一把钥匙能开所有的锁，这就是开锁匠对普通人的降维打击，因为对普通人而言，每把钥匙、每把锁都不同。理解了行业的本质，就找到了降维打击的着力点，如同小米手机打击了所有的山寨手机。

现在的学生经常问的问题，不是如何学习，而是为什么要学习。孩子们关注的是精神需求，但家长却停留在生理需求层面："你不好好学习，毕业后找不到好工作，以后就没有饭吃。"正确理解并运用马斯洛需求层次理论，可以产生很好的销售驱动。

增加一个产品功能，是创新的加法；删除渠道中的一个环节，是创新的减法；产品功能迁移到其他领域也能用，是创新的乘法；消除某行业难题，是创新的除法。商业创新是对"加减乘除"的交叉使用。

# 第五章　战略的常识

如果没有战略，你将会成为别人战略的一部分。如果战略错误，你将会被别人的战略吞噬掉！

很多企业的宿命。而优秀的企业都不被外界利益诱惑，在专属赛道上十年如一日地深耕，这就是战略型企业的特征。

战略的底层逻辑是确保你不会变得糟糕的能力，看似容易，却恰恰是最难做到的。比如，小学生都知道打游戏不好，但他们还是熬夜打游戏；所有人都知道吃垃圾食品不好，但还是喜欢那个口味。确保你不会变得更糟糕的能力，是专注、自律，对企业家而言，是要有自己的专属赛道。

战略顶层设计就是构建你对未来的美好想象，就像你要盖房子，要先有图样。未来的样子越清晰、越美好，对你产生的驱动力和召唤力就越大。成功的企业都有自己的战略顶层设计，也可以说是将未来的成功放置到眼前驱动你前进。

僵化的思维是鱼和熊掌不可兼得，战略思维是鱼和熊掌可以兼得。

一天真的要吃 3 次饭吗？减肥一定要节食吗？卖东西一定要低价吗？这个世界上有很多你习以为常、认为不可撼动的规则，它们并不是法律，都可以改变。就像马斯克将 7000 节电池捆绑在一起就能驱动汽车，所以，谁说电池只能安装在手机上？

为什么大多数企业，终生忙碌却无成果？因为它们追着风向跑，认可"站在风口上，猪都可以飞起来"的理念，以至于东一榔头，西一棒槌，各行各业都浅尝辄止。但真正强大的企业，如华为、亚马逊，都是在一个领域坚持，打造绝对的竞争力，穿越经济周期。

# 第一章
## 商业的常识

10亿中国人从事的商业活动，
依靠什么样的底层逻辑在运转？

# 商业：人人必备的生存常识

大多数人不理解商业的基本知识，以至于付出几十年心血，什么都学了一遍却一无所获，甚至有人在商业竞争的压力下抑郁。但是，截至 2023 年 6 月，中国的小微企业上升到 1 亿家，至少 10 亿中国人都在不同的岗位上从事各种各样的商业活动，并依赖商业所得维持生计。

一对夫妻千里迢迢跑到北京来，着急地问我："路老师，我们的企业还有救吗？"

我鼓励他们把企业的具体情况介绍清楚，男士说："我曾经开了 7 家小规模餐饮店，起初业绩还不错，几家店都有盈利。为了快速赚取更多的钱，我们参加了多期'利润倍增'的课程。但我越学越糊涂，8 年下来，我一边学习，一边按照老师的方法进行变革，希望快速实现'利润 5 倍增长'，没想到 8 年下来那 7 家店关停了 5 家，目前 1 家勉强维持、1 家还略有盈利。老师啊，我怎么就学不明白呢？"

看着这两位焦虑的神情，我回答说："如果一个知识点你 8 年都没能学明白，只有两种情况：第一种情况是你这位仁兄太笨了，居然 8 年都理解不了那位老师讲的知识点。你们笨吗？"

夫妻俩说:"我们不笨啊!我们没学之前,7家店都还盈利呀。"

我接着说:"那只有第二种情况,就是那个知识点可能是错的。"

这时,那位女士用胳膊肘顶了一下她老公的胳膊说:"我说那些知识是错的吧,你就不相信!还在店里乱改革。"

战略、赛道、顶层设计、商业模式、倍增法则、新零售、流量、粉丝经济……这些词汇携互联网的力量泥沙俱下。

今天的学习,演变成一场复杂的甄别游戏,很多信息不是告诉我们如何成功,而是使得我们快速失败。

学习,是一件"危险"的事情!错误的内容会把我们引到负面、高成本,甚至失败的方向上。

我曾见过一些成功学讲师,讲着讲着居然在讲台上翻起了跟头,突然给学员下跪,说是引导学员脸皮厚发大财,同时大喊:"成功从变态开始……"

这些似是而非的知识在不断地伤害着商业世界的方方面面。

我曾见过一位年轻的讲师在某论坛上激情四射的表演,他告诉台下上千名听众:"我有一个轻松实现利润5倍增长的方法,你们想不想听?"

台下的观众被挑逗得如痴如醉:"想听!想听!老师,我们爱死你啦!"

那位老师让助理搬上来5把椅子,然后请5个学员上台来,要求他们每人拿起一把椅子从会场的前端走到最后,掏出手表计时,用时2分钟。

老师说:"见证奇迹的时候到了!我们开始下一轮比赛,如果谁能第一个到达终点,我就给第一名奖励10元钱。"

结果,这次用时1分钟30秒。

"第二次比赛的奖金提高到100元。"

这次用时1分钟20秒。

老师不断重复这个比赛,不断提高奖金数额,当奖金数额提高到3000元时,最快跑到终点的人仅用了24秒。

时间缩短为原来的1/5,每个人都亲眼见证了"利润5倍增长"的奇迹,全场掌声雷动!

老板什么都不需要做,仅加大一下激励数额就能轻而易举地实现数倍增长，太好了，发财原来这么容易啊！

但稍微有点企业管理常识的人都知道：**这种让员工持续玩命的奔跑是不可持续的啊，是一种非正常状态下的短期行为，你是无法将员工的应急行为变成常态的，如果员工一直这样玩命地奔跑下去，要不了几天就累死了。**

还有一次，一位利用当地资源发了财的老板，带着一个团队到北京找到我说："听说你营销策划的功力很高，请你把我的这瓶番茄饮料营销成功。"

我尝了一口他们带来的样品，太难喝了，连第二口都喝不下去。

我说："这个饮品口感不好，需要找相关的专家把口味调得适合年轻人饮用。"

那位老板说："我这个饮品是用顶级番茄原生态压榨的，不能加任何添加剂、调味剂，因为我打的是百分百健康的牌。"

他接着说的话更令我吃惊："我就是因为这些年做房地产太辛苦了，想轻松一点，所以想做一个品牌，你就把我这个品牌做成就好啦！"

真是令人又好气又好笑：饮料如果不好喝，还能卖得出去吗？健康是饮品发展的趋势，但年轻人对饮品的首要需求是口感要好，这是饮品的本质属性。

再者，做房地产觉得费劲，难道品牌做起来很容易吗？

我告诉他："做品牌更难，如果做房地产只需要学会加减法，那么做品牌是要学会加减乘除的，是一个更复杂、更需要战略设计、更需要持续投入、更需要使命和梦想的事业。"

战略、竞争、模式、需求、供给、价值、价格……这些名词很多人都耳熟能详，但是有多少人理解其真正的含义呢？

大多数人不理解商业的基本常识，他们凭着本能和似是而非的看法在商海中沉浮。

因此，学习一些基本的商业常识，对我们很多人来说都是必要的。

因为 2022 年中国的小微企业已经增加到 1 亿家，有很多中国人都在不同的岗位上从事各种各样的商业活动，并依赖商业所得维持生计。

# 交换：商业运行的方式

> 你想要的一切都是通过交换所得。用你所有，换他所需；用你所能，换他所要。很多美好的名词，其本质都是价值交换，如友谊、婚姻、关系、圈子……没有交换就没有社会的正常运转、市场的形成。

这个世界上存在不用"交换"就美满的生活吗？

如果没有交换，你需要的粮食，要自己从种子种起；你想吃鱼，要自己编织渔网，再下水捕捞；你想穿衣服，还要自己从种棉花开始，再采棉花、纺织。

自给自足的生活在远古时期的确存在，人们生活在丛林里，所需要的一切都要靠自己上山入海才能得到。

为什么现在人们羡慕的田园生活消失了？

因为自给自足的生活很辛苦，而人类的文明是由交换演变而来的。

远古时期，人类靠原始的捕猎方式生存。通常一个人只掌握一种核心技能，获取一种资源，久而久之，这个人对肉食产生厌恶，产生用多余的肉换其他人果子的行为，后来越来越多的人用自己不需要的东西交换其他人的粮食、布匹、工具等，这是最早期的物物交换，需要见面才可以完成。

物物交换的弊端是效率低，因为满足物物交换的前提条件需要"三重巧合"：

（1）需求的双重巧合。

（2）时间的双重巧合。

（3）数量的双重巧合。

同时满足这3个巧合并不容易，所以后来产生了集市与货币，约定好在固定的时间、用统一形式的交换媒介得到所需。

历史上通过交换促成国家经济发展的有中国的"丝绸之路"，以及16世纪欧洲大陆上的葡萄牙、西班牙和荷兰靠海外贸易暴富的故事。

现在，互联网成为人类协作的最大平台，但它的运营本质也是通过交换而存在的。

人们通过互联网，用虚拟货币交换喜欢的食物、衣服、鞋子、护肤品、家居用品等。只要是你能想到的产品，在各平台搜索到物品后都能交换，商家不需要再投入资金开实体店，消费者也不需要再通过见面的方式交换，不仅节省了交换的成本，而且提高了交换的效率。

所以，人类的文明和发展是由"交换"形成的。

比如，厨师为我们烹饪美味的食物，不是因为他爱我们，而是他要通过烹饪美味食物交换一份养家糊口的工资。

职场也处处充满交换：底层员工用时间、体力交换工资；中层员工用脑力交换高薪资；高层领导用人脉作为交换，能持续地掌控权力。

我们这一生，都在通过出卖自己的时间、精力、情感、学历、知识、部分自由和思维，交换自己所需要的东西。

人的一生，如果没有交换，就无法得到所需。**商业的运行如果没有交换，企业就不会存在，也不会增长。**

交换的第一性原理是什么？

货币是交换的媒介，最终目的是减少交换的成本、提高交换的效率。

**商业的本质是盈利，所以我们应该思考，如何通过交换获取更多的"增长"。**

**快速增长的核心逻辑的本质是改变运行方式，让交换变得更加简单、方**

**便，以降低交换成本。**

起初，人们的交换方式，通常是在白天的集市上拿着货币交换。后来，卖方为了能交换到更多所需，买方为了得到更多想要的商品，开始出现夜市，直到现代，还有 24 小时不打烊的店，通过增加交换次数来满足所需。

再后来，人们交换的方式更简单了，从电视、报纸上就可以看到货物，不需要再跑到集市上挑选，直奔一个目的地就可以交换，交换变得更便捷。

交换的方式发生改变，商家和消费者都得到便利。但上面的交换还存在一些弊端：搜索占取用户大量的时间；静态展示的产品，也会减弱用户想要交换的意愿；前面的这些方式对于商家而言，交易链条还太长，商家无法获得更多的利润。

直播的出现，完全颠覆了交换方式，让交换的链条缩到最短，让厂家的利润不再被层层剥夺。

以前产品生产出来，厂家以出厂价再给一批、二批代理商，最后再由零售店的人，把产品展现到消费者的面前，这是低买高卖的形式，厂家交换到的只是微薄的利润。

厂家通过直播的方式，甚至不需要代理商、经销商、零售商，由员工直播就可以传递产品的质量、品牌的魅力，消费者不用搜索，不用跑到门店，就可以从厂家买到既便宜又好用的产品。

最重要的是，对于商家而言，可以同一时间内面对上千位、万位，乃至千万位的用户，展示其想要交换的产品，短时间内完成上千单甚至上万单的交换。

**交换是商业运行的基本方式，越简单的交换方式，越容易让商家获利，让用户省力。**

# 价值：商业交换的内涵

价值＝值价，商品凭什么值这样的价格，凭什么被认可？真正的商业从不靠短暂的运气或特殊的违法手段牟利，所有成功的交换都源于为别人提供了被认可的价值，而价值就是"与你有关""对你有用"。

经常有学生跑过来找我："路老师，你有没有能赚钱的大项目？"

我说："你想发财，这是从别人的口袋里掏钱，你要发财的愿望跟别人无关，只和你有关。但是，如果你给别人提供的价值与别人有关，通过价值交换，就可以赚到更多的钱。"

在经济学中，最关键的一个理论是"商业的本质是交换，交换的内涵是价值"。

什么是价值？

你有一个多年未见、你很尊敬的朋友要来，你为了招待他，要买一瓶酒。

你站在货架前看了一圈酒的价格，虽然很心痛，但最后还是买了一瓶价值约3000元的茅台酒。为什么没有买30元或300元一瓶的酒？

因为这个人对你很重要，你想表达出对他的尊敬，让他感受到你的心意。你的表达方式，就是通过这瓶人人都知道价格的茅台酒来传递的。

潜台词是："我都请你喝茅台酒了，你应该明白，你在我心中的价值了吧。"

所以，茅台酒不仅仅是"酒精＋水"，而是用来传递"我对你十分尊敬"的媒介。

茅台酒的价值是怎么组成的？

## 一、价值创造

大多数酒的酿造工艺、酿造流程都很相似，那么怎样进行价值创造呢？

茅台酒出自茅台镇 7.5 平方千米的核心区域，只有用赤水河的水酿造出的酒才有独特的口感。

白酒界专家称"贵州茅台酒技术是最独特的，大曲酱香型酿酒工艺，是人类将微生物应用于酿造领域的典范"。

## 二、价值塑造

### 1. 红军战士也喜欢喝茅台酒

《耿飚回忆录》里有这么一段描写："这里是举世闻名的茅台酒产地，到处是烧锅酒坊，空气里弥漫着一阵阵醇酒的酱香。尽管戎马倥偬，战员们还是向老乡买来茅台酒，会喝酒的细细品尝，不会喝的便装在水壶里，行军中用来擦腿搓脚，舒筋活血。"

### 2. 茅台酒被评为国酒

中国人常说一句话："无酒不成宴。"

1949 年，周恩来总理在中南海怀仁堂用茅台酒招待各国贵宾。

1954 年，周恩来总理率代表团，前往瑞士日内瓦出席国际会议，代表中国第一次在国际舞台上正式亮相。周总理将出访成功归功于"两台"：一是贵州茅台酒；一是戏剧《梁山伯与祝英台》。

### 3. 茅台酒参加比赛获得金奖

1994 年，在纪念巴拿马万国博览会 80 周年国际名酒品评会上，茅台酒获得特别金奖第一名。从此，中国茅台酒与英国苏格兰威士忌、法国科涅克白兰地并称为世界三大蒸馏名酒。

当茅台酒拥有"以稀缺资源酿酒的工艺"，再以多重名贵的身份加持时，即便茅台酒的价格水涨船高，却还是一瓶难求，能买到茅台酒的人也早已不从成分和味道分析它值不值，只从它的综合价值出发，觉得它值。

所以，**把"价值"二字反过来，就是"值这个价"。**

在生活中，我们也经常能听到有关"价值"的对话。

一个女孩新买了一件衣服，回到家除问衣服漂不漂亮以外，就是问："这件衣服值不值？"

如果一个女孩被男孩甩了，过得不开心，每日以泪洗面，她的家人和朋友就会问："你为一个甩了你的男人要死要活的，值不值？"其实这些问题的背后，蕴含的都是价值有多少的意思。

为什么很多学员要缴纳几十万元甚至上百万元的费用，到清华大学、北京大学上课？他们单纯只是为了学习吗？

他们说："我们是要去感受中国顶尖大学的学习氛围，要尝尝状元们吃过的饭菜。"

你觉得这有没有价值？

有！

学员们说："进了清华门，就是清华人。"

中国每年的考生近千万，但清华大学、北京大学的招生不过几千人，无数人虽有清华梦，拼尽全力也未必能进清华门。

现在他们通过缴费，就可以进入清华大学感受顶级老师的授课，感受来自各行各业已小有成就的同学的分享，他们可以相互联系、建立友情，所以他们用昂贵的学费，买到的不只是上课的价值，而是综合价值。

如何为别人提供价值呢？

### 1. 与你有关

你在生活中有没有遇见过这种情况？

突然有一天，你的朋友突然出现在你面前，拉着你的手说："这个事情对我很重要，你一定得帮我。"

我们会在心里打个问号："你的事和我有什么关系？凭什么帮你？"

再换一种情景，看怎么才能找到帮助自己的人。

你的朋友找到你说："我的项目已经要实行了，但我还缺人手，你过来帮我吧，我先给你一部分生活费，等项目完成后再分你 10% 的利润，你干不干？"

结果，你很开心地和这个朋友一拍即合。

**提供价值是人与人之间交往的前提条件，你做的事和别人没有关系，别人自然不会参与其中。**

尤其是在商业中，企业与客户建立关系的前提也是因为你提供了"与他有关"的产品或服务。

### 2. 对你有用

滴滴为什么有 3 亿用户？

为什么它每天的订单总数超过 1300 万人次，超过铁路总公司，超过所有公交集团、地铁集团，成为最大的出行服务企业？

（1）虽然一、二线城市交通便利，有地铁、公交车、出租车，但哪个城市的商业中心没有加班到凌晨的上班族？

加班的上班族，熬得两眼通红，浑身疲惫只想用最快的速度回家睡觉，但这个时候，地铁、公交车停运，出租车的数量远远不够调配，他们只能站在马路边祈祷快点打到车。

（2）旅游业发展得如火如荼，但当我们来到陌生的城市，没有人会在人生地不熟的地方，再拖着箱子去找公交车，怎么最快速地打到车成为首要任务。

（3）一、二线城市交通便利，但三线城市未必如此，尤其是每年春节，过年回家的人，出了火车站要想办法找公交车，他们最需要的是一种便利的、可以快速回家的交通方式。

滴滴的出现不仅对上班族有用，也对出差的人、旅游的人、过年回家的人有用。它解决了打车难的问题，改善了三、四线城市的交通方式，因为对很多人有用，所以才能做得风生水起。

**在商业中生存的内涵，就是站在客户的角度，提供他们需要的、能解决问题的产品或服务。如果没有提供任何有价值的产品或服务，只是通过一种**

**表面形式俘获客户的心，就像网络借贷平台（peer to peer，P2P），这是圈钱、诈骗，或者说是财富的转移。**

大家对保健品的印象差，是因为有很多不法企业，骗老人用高价买毫无作用的产品，以至于他们的养老金被骗得干干净净。

个别保险和金融贷款公司，以非法的方式进行诈骗，搞得人心惶惶，让消费者对整个行业都不再信任。

加盟行业近几年屡屡被推上风口浪尖，是因为有些品牌招加盟商的时候，总部承诺提供一站式的扶持，最后不但没有扶持，等他们圈够了钱，整个公司人去楼空时，只留下一个没有增长价值、还不知名的品牌名称，加盟商反而赔上了用来养家糊口的钱。

其实，不法商人的做法与商业的本质完全不同，真正的商业是通过为客户创造价值来赢得他们的信任。

哪怕是从照看孩子的角度出发，托管所在这个沉浮的社会中也能立住脚。就算是从希望为别人做一顿美食的角度出发，也能开一家不错的餐厅，过得活色生香。比如，眉州东坡、全聚德、东来顺等餐厅已经成为全国知名的品牌。

我的一位学生，他觉得自己一无所长，但又渴望为别人提供价值。于是，他从帮别人疏通下水道的想法出发，经过研究，真的研发出一款用了就能疏通下水道的产品，现在这家企业即将成为上市公司。

**真正的商业，不是一时牟利，而是为别人提供价值，通过价值获得立足之本，构建商业的"护城河"，最终成为被消费者称赞的品牌。**

# 分配：商业的模式

> 人类分配稀缺资源的方式经历过暴力分配的血腥、论资排
> 辈的沉重、运气分配的偶然、计划分配的僵固等，终于探索出
> 能让人类财富增值的分配方式，这就是"价高者得"。

3 个人的面前有一块大蛋糕，但无论是谁分，分配者给自己的蛋糕永远都是最大的那一块，为此 3 个人争得面红耳赤。如果你是其中的一员，你觉得应该怎么样才能把蛋糕分得更均匀，让三方都心服口服？

其实方法很简单，无论是谁分蛋糕，只要规定分配者最后拿到蛋糕就行。

因为分配者为了不吃亏，会尽量把蛋糕分得一样大，先拿后拿都一样，这样就避免了因为蛋糕大小不一致导致的不高兴、失望、争执，大家得到了相对的公平。

这就是分配的力量，分配像魔法一样改变着人们！

**分配，是人类几千年不断探索的演化过程。**

**分配，是一个制度的底层逻辑。因为分蛋糕的方式，决定了蛋糕未来能做多大。**

然而，分配方式却需要极高的智慧。

人类几千年以来一直围绕着"稀缺资源"进行分配。

什么是"稀缺资源"呢？

首先，稀缺资源并非绝对意义上的数量稀少，而是一种"相对的稀缺"。

比如，房子很多，但好房子"稀缺"；学校很多，但好学校"稀缺"；医院很多，但大医生"稀缺"；女人很多，但美女很"稀缺"。

优质的资源总是"相对稀缺"的。

其次，是"你喜欢的别人都喜欢"造成的"稀缺"。

比如，一线海景房、美女、清新的空气、无限的时间……这些你想要的，别人也一定想要，这些资源就是稀缺的。

最后，是"与人们无限的欲望相比，好东西永远满足不了欲望的上涨"所造成的"稀缺"。

比如，一个乞丐最初只是希望吃饱肚子，有几个馒头就可以了。后来，他希望除了馒头再有几个小菜就更好了。后来，他希望除了小菜要是有肉就更好了。后来，他希望再有点酒就更好了。再后来，他甚至想能不能在酒店里喝酒吃肉……

而那些满足不断增长的"愿望"的"好东西"就是稀缺的。

既然，好东西是稀缺的，那么稀缺资源该如何分配呢？千百年来，人们为了争夺稀缺资源，尝试过各种分配资源的方法。

**1. 靠暴力分配稀缺资源**

暴力分配就是看谁的拳头硬！

比如，在小孩子眼里，玩具是稀缺的，都想玩怎么办？那就看谁拳头硬、谁力气大，谁就把别的小孩推到一边去，靠暴力拿到玩具。

但是，在成人的世界里不只是抢玩具这么简单！

"美女"是稀缺资源，特洛伊战争是一场为了争夺"美女"而发动的战争，战争的结果导致两个王国的覆灭。

吴王夫差因为宠爱美女西施而荒于国政，最终被越王击败。

《三国演义》中吕布和董卓为了争夺貂蝉而失和。

土地是稀缺资源，古代很多国家已经拥有了辽阔的土地，但是还嫌不够，依然向外扩张、征战，如蒙古帝国、俄罗斯帝国、阿拉伯帝国等。

皇帝是稀缺资源。皇帝高高在上，"君要臣死，臣不得不死"的威严使人们为皇帝的宝座所着迷。有的人能自信地说出"彼可取而代也"的豪言壮语，有的人高举"王侯将相宁有种乎"的旗帜，每个有资格争夺皇帝宝座的人都相信"皇帝轮流做，明天到我家"。

**这就是暴力分配，暴力分配对社会造成极大的破坏，因为当暴力获取成为习惯时，将不再有人创造财富。**

### 2. 靠智力分配稀缺资源

中国有句话叫"书中自有黄金屋，书中自有颜如玉"，清华大学、北京大学对于每年数百万名参加高考的学生来讲都是稀缺的。中国还有一句话叫"学而优则仕"，如果能够考上一所名牌大学，再谋上一个"好位置"，那将是人生的重大改变。

但是，最后能考上一流大学还是普通大学，取决于你的智力水平。

### 3. 靠排队分配稀缺资源

苏联在轰然倒塌的前一夜，人民依然保持着计划经济之下排队购买商品的习惯。排队分配，就是谁付出的时间成本更多，谁就能获得资源。但排队也是在浪费资源，因为没有把时间用于生产创造上。

排队分配在我们的生活中无处不在。比如，一群人等公交车，公交车上的座位是稀缺的，用排队的方式来分配；2022年北京冬奥会的吉祥物"冰墩墩"火爆一时，每天都有人半夜去排队购买。

### 4. 靠运气分配稀缺资源

买彩票是靠运气分配的。北京市小汽车指标采取"摇号中签"的方法就是靠运气分配，有的人10年没有中签，有的人刚加入摇号大军就中签。各大城市小升初的"派位"方法，本质上也是一种抽签、抓阄，也是靠运气分配的。

**靠运气分配稀缺资源会引导人们迷恋"赌博"，甚至会"设法"改变自己的运气。**

### 5. 按论资排辈分配稀缺资源

论资排辈分配是按资历、辈分决定级别待遇的高低。以前企事业单位分房子靠论资排辈，出公差买火车票也要按照级别分别对待。包括今天，资历、待遇也是判断一个人社会地位、价值、贡献的重要标准。

### 6. 靠权威分配稀缺资源

在地理大发现时期，葡萄牙和西班牙就未开发的海外区域展开了激烈的争夺。1493 年，罗马教皇亚历山大六世出面调停，他将亚速尔群岛和佛得角群岛以西 100 里格（英国旧时的长度单位，1 里格相当于 5.556 千米）的子午线定为两国势力范围的分界线。该线以西属于西班牙，以东则归葡萄牙，这条线被称为"教皇子午线"。裁定海外殖民地的势力范围是由教皇这样的权威来完成的。

**当资源稀缺时，权威的分配与裁决是解决稀缺资源争执的重要方式。**

暴力分配、智力分配、排队分配、运气分配、论资排辈分配、权威分配等是几种常见的稀缺资源的分配方式。

分配资源的方法有很多种，但哪一种更公平呢？好像没有！

因为一旦把分配方式固定下来，人就会朝着特定的方向去努力，不仅会浪费社会成本，而且这些成本会让其他人难以受益。

目前，相对较好的分配方式是什么呢？是"价高者得"！

乍一听"价高者得"，很多人都会觉得好东西都被有钱人买走了。虽然这种分配方式并不完美，但它是人类至今比较好的分配方式。

为什么说这是比较好的分配方式？

首先，会激励人们生产出更多的好东西。

如果凡事都用钱竞争，人们就会努力赚钱，为了赚钱，人们就会生产好的产品、提供好的服务，让别人愿意购买。如果那些好东西或服务不能卖出更好的价格，就不会有华为手机、戴森吹风机以及五星级酒店的高品质服务。

其次，可以分出需求的紧迫性。

每年春运，为了抢火车票，人们八仙过海、各显神通。最初，有去火车站彻夜排队的，有委托黄牛购票的；后来出现了刷票软件，再后来不少旅行App 里开发了抢票功能。如果按照"价高者得"的分配方式，就会把一部分回家需求没有那么强烈的人筛选出来，让愿意出高价买票、需求更强烈的人回家。

再次，能够传递稀缺的信息，增加供给。

价格会直接传递产品的稀缺性，价格上升，说明商品稀缺，很多人会加入，生产稀缺的"好东西"来增加供给。供给一旦增加，反而会使价格降下来，这样会使更多的人用上"好东西"。

比如，汽车刚被发明出来的时候，只有贵族才能坐上，后来福特的大规模流水装配线带来了生产方式的革命，使更多的人坐上了汽车。是"价高者得"的分配方式促使供给增加，让人类社会的财富得到了迅速增长。

这个世界如果用价格来竞争，任何时候你都可以买到你想要的东西。

比如，北京的房子很紧张，但只要你有足够的钱，就可以在北京买到大房子住。

比如，晚上下班高峰期很难在北京打到车，但只要你有足够的钱，愿意加价，就可以比别人更快地打到车。

最后，对于决策及劳动带来快速反馈。

要么奖赏你，要么惩罚你，迫使你往正确的道路上调整。

如果你生产一个在市场上有需求的产品，就能赚到钱，这是市场对你的奖赏；如果你生产一个市场上不好卖的产品，就会亏损，那么你就受到了惩罚，就不会再去做这样的事情。这样就把社会资源（包括人的精力和时间）用到了增加社会的总财富上面。

**"价高者得"的分配方式是现代经济学的基石。**

这是一个实现增量的分配方式！

# 需求：商业发展的指向

人口的红利在下降，但人性的红利永不枯竭。

需求和需要是两回事，但90%的人分辨不清两者之间的区别，大多数企业只满足客户显而易见的需要，未洞察消费者真正的需求。

我们经常把一个词——需求，挂在嘴边。

经常说要创造客户需求、满足消费者需求等。

究竟什么是需求？什么是需要？

两者之间有什么区别。

90%的人都分辨不清。

一个小伙子说："我要！我要！我要！要美女如云！要腰缠万贯！要当达官贵人！"

这是需要，还是需求？都不是！

这是欲望，是永远满足不了的内心状态。

你走在大街上，天气很热，口渴了，想要喝水，这是需要。

**需要是指人感到某种缺乏而力求获得满足的感受状态。**

需要是人们与生俱来的基本要求。

可是，最贵的那瓶矿泉水我买不起，我只能买得起 2 元一瓶的水满足我解渴的需要。完成这个行为就是需求。

**需求是指能够支付的需要。**

支付不起的需要，只能是欲望。

比如，在北京你不想过租房的生活，你想要一套四合院。可是你支付不起，这是欲望。但是你能够通过努力，按揭一套 80 平方米的两居室，满足了你告别北漂的生活，这是需求。

在营销中，企业如何运用需要、需求呢？

人们需要什么，企业就生产什么。同时，人们的需求是分层级的。首先是对生理上衣食住行的基本需要。比如，人们因为有了对花生油的需要，所以有了鲁花花生油。其次是对安全的需要。比如，人们因为有了对用电安全的需要，所以有了公牛安全插座。再次是对情感归属和社会尊重的需要。比如，人们因为有了追求高品质生活的需要，所以有了华为。最后是对自我实现的需要。比如，人们因为有了彰显身份地位的需要，所以有了豪车。

企业在进行营销研发和推出产品时，首先要界定产品的目标群体，以及明白他们的支付能力如何。比如，有些人只能吃 20 元的快餐，有些人可以吃数百元标准的高档餐，相应的产品要满足不同人群的需求。

如何洞察消费者需求呢？

有一句话说："客户不是要买电钻，而是要买墙上的那个洞！"

客户真的需要那个洞吗？不是的。

客户钻洞是想要往墙上钉钉子、挂照片。你了解客户为什么挂照片，多长时间挂一次照片吗？如果每次挂照片都要钻一次洞，是不是非常麻烦，感受极差？如果你再了解，客户的真实需求是每年都会往墙上挂一张照片，因为他们每年都要拍一张结婚纪念照。

继续思考，客户真的需要每年亲自钻洞挂照片吗？

这个时候，你给他一个不用钻洞的解决方案。或者你亲自到客户家给客户挂上照片，是不是客户体验会更好？

继续思考，客户仅仅需要挂照片这种简单的纪念方式吗？不一定。客户是想要完美的回忆。

是不是还有更多的潜在需求等你挖掘？比如，用影像记录、用旅游纪念等。

所以，需求分为很多种。买电钻是表象的显性需求，美好纪念是真实的隐性需求；买电钻是理性物质功能需求，美好纪念是情感精神需求；拍照纪念是已经满足的需求，旅拍纪念是潜在未满足的需求。

# 信任：商业运转的基础条件

没有信任的商业交换，不长久。信任是商业合作的前提，是能够可持续发展的底层逻辑，有了信任，企业才会有良好的经济表现。

如果你是家长，你可以完全信任你的孩子吗？你会相信孩子不在你的督促下能独立完成作业吗？

我们真的能完全信任老师吗？

不会，从我们的孩子上学的那一刻起就开始担心，经常有家长在孩子放学回家的时候，会问孩子在学校发生了什么，老师怎么样，同学怎么样，有没有受欺负。

我们真的信任商家吗？

不会，很多人都说无商不奸，认为买家永远不如卖家精，有时还在想商家有没有偷工减料，或者商家打折的时候，是不是先提价再减价。

如果你经营一家企业，你能完全信任消费者吗？

事实是，有些商家认为消费者不识货，故意买假冒伪劣的商品。

我们越来越焦虑的根本原因，在于我们和他人缺乏基本的信任，就连夫妻之间的信任感也在消失。

当你的老公回家晚的时候，你真的信任他只是在和客户谈生意吗？

当你的老婆说她和闺蜜待了一个晚上的时候，你真的信任她吗？

你的老婆经常和你吵架有什么原因？是不是她不信任你，没有把钱给你妈妈？

生活中，用心成本越来越高，人们越来越焦虑。结婚要反复挑选合适的对象；孩子上学，要问亲戚家孩子上的什么学校，学校的老师怎么样；在陌生的城市不认识路，要问 3 个人才敢确定哪条路是对的，就怕别人说错了路；请保姆的时候，害怕自己去上班时，保姆一个人在家带娃居心不良，所以要在家里安装摄像头；去医院看病的时候，有些人不相信医生的能力，甚至出现医生被捅伤的情况，医生发出"我们在救死扶伤，可谁能来保护我们"的呼救。

当人与人之间的信任感缺失的时候，商家是如何解决信任危机的？

（1）提出 7 天无理由退换货的保障，消除消费者对产品品质不信任的问题。

（2）提出先行赔付的保证。行业内一些浑水摸鱼的小企业，它们生产的产品质量差、工期延误，甚至曝出资金链断裂跑路的现象，这些事件加深了消费者的家装"恐惧症"。为此，红星美凯龙承诺"24 小时高效赔偿""最高赔付 2000 万元"，首创"家装＋家居"全链路先行赔付的先例，解决了行业乱象，树立了信任，保障了家装家居消费者的权益。

（3）当消费者不信任商家做的产品详情页和电视广告时，电商平台开通用户可以查看评价的功能，每一个用户都可以看到其他买家真实的评价，通过第三方介入的方式让用户产生信任。

你们知道品牌是怎么诞生的吗？

是为了解决消费者与商家之间不信任的问题。

以前人们的生活条件比较落后，日常离不开牛马耕种。有些人就动了坏心思，把自己家生病的牛马牵去市场找贩卖牲口的商贩说："你家的牛有病，我买回家还没有干活，就病恹恹的，你得给我换一头。"

有些生病的牛马并不是商贩家的，但因为来者无理取闹，吓得其他人也都不敢买，所以商家只好赔本换了一头牛。

后来为了杜绝这种情况，商贩变聪明了，他们在这些牛马的屁股上都打上印记。当再有人牵着生病的牛马要求重新换一头的时候，商贩要先看看牛马的身上有没有印记，有印记才能退钱或者再换一头，这是最早的商标，目的是保护个人的权益。

早期，商家卖产品的时候，通常是原生态的，产品没有包装或者是随便拿张纸包裹着，但后来有些商家发现，如果自己的产品质量好，消费者认可，在市场上销售的数量高，很快就有同行开始模仿。但模仿者并不能生产出质量一样的产品，有些劣质的产品被消费者拿到自己的门店，说产品越来越差劲，所以很多商家就在产品的包装纸上盖上私人印章，这就是最早的"王记""李记""张记"的由来。

后来有人开始模仿记号，商家去国家相关部门登记商标，规定只有自己能用这个商标，如果别人盗用，可以追究其法律责任，这是国家给予的权益保护。

再后来商家是怎么做的呢？

**商标的形式不再仅仅限于文字，颜色、图案也都受法律保护。比如，苹果手机的标志，那个被上帝咬掉一口的苹果，还有特斯拉的"T"形标志都受法律保护。**

**当企业发展得越来越大时，标志成为品牌最大的标识，代表质量、代表工艺、代表创新，是让消费者形成最快消费决策的一个标识。**

但建立信任的符号，让消费者看到一个标志就能认可品牌，这需要时间、资源、技术、人力的投入。苹果发布的新品每次都会被消费者选择、追捧，是乔布斯以创新、精益求精的精神获得的；马斯克的新能源汽车备受欢迎，是因为它代表技术、代表高性能，是马斯克潜心研究，用产品的高质量、高技术换来的。

有了商业标识以后就要学会保护好你的标识，让它成为企业的代表符号。没有保护好标识的企业会陷入风波，就像曾经的王老吉和加多宝的商标之争。

无论是商标的出现，还是商家做出的承诺，这一切都是为了树立信任，只是让消费者信任你的产品可靠，才会产生消费行为。

**在商业世界里，信任是一切合作的前提条件，是商业可持续经营的基石。信任是商业交换的底层逻辑，有了信任，其他的商业模式、经济表现都是商业活动的结果。**

建立信任就像建造大厦一样，需要时间，需要由沙土一点点堆积起来，但摧毁彼此间的信任却是轻而易举的事，一次劣质的产品事故就可以在瞬间摧毁在日积月累中建造起来的大厦。

# 双赢：商业合作的理念

客户是我们的合作伙伴。每个企业和客户之间的交换，都是基于双赢的理念，而不是"你死我活"，也不是损人利己。

两个人合作，会有几种结果？

一种是损人利己。比如，卖劣质产品给对方，对方受损，自己受益。

一种是损人不利己。比如，看到邻居家的果树结了很多果实，心生嫉妒，就偷偷地把果实给打下来。这既损害了别人利益，自己也没有受益。在商业中，不乏"损人不利己"的行为。比如，诋毁竞争对手，制造子虚乌有的流言蜚语。

一种是损己利人，我亏损，别人还能盈利。这种情况不会持续太久。除非你要做公益慈善，有着伟大的情怀。

最后一种是利己利人，你赢我也赢。

**无论是两个人之间的协作、友谊、婚姻等，还是商业合作，最完美的结果是多赢。**

**多赢是商业合作的底线，不是高线。**

但是，很多人把商业竞争理解为商战，认为商业竞争就是一场"你死我活"的战争。在此误导下，企业之间是怎么做的？

看看国内两大凉茶品牌王老吉和加多宝，刚开始友好合作，相安无事。后来发生了商标权之争、红罐之争、广告语之争，反目成仇，愈演愈烈。双方开展旷日持久的口诛笔伐，对簿公堂。来来回回打了数十场官司，先后打了7年时间，最后尘埃落定，双方都大伤元气，不如从前。

你可知道在没有发生纠纷之前，王老吉年销售额曾经突破100亿元，远远超过两大可乐年销售额总和，成为国内饮料销量第一名。随后几年，年销售额更是一路飙升，达到200亿元。

相反，再看看两大可乐品牌，它们在美国本土是多年的宿敌，一直针锋相对。到了中国市场，两者之间的较量却变成了联合。它们站在同一战线，将枪口瞄准中国国产汽水，联合绞杀了7个国产汽水品牌。

当时国产汽水全面覆盖，如北冰洋汽水、崂山汽水、冰峰汽水等。国产汽水发展势头良好，其中天府可乐占全国可乐市场的75%。两大可乐通过低价促销、合作收购、冰封雪藏三大利器，联合绞杀国内汽水，最后国内汽水品牌消失殆尽。

**商业竞争不是"你死我活"，而是一种竞合关系，即在竞争中合作，在合作中竞争，不断提升自己，超越对手，成就彼此，共同把一个行业做大。它们的成功，离不开对方。**

**成功需要合作，成功需要对手。对手是和我们一起将行业做大的合力，对手是逼着我们前进的动力，对手是给我们差异化的参照。我们用差异化的产品，来满足更多人的需求，这才是商业丰富多彩的逻辑。**

**对手不是互相拆台，而是互相搭台。**

你看过肯德基和麦当劳之间互相诋毁吗？某年发生禽流感，肯德基经营不善，麦当劳挺身而出，替肯德基说话：鸡肉经过高温烹炸以后是没有安全问题的！

据统计，近55%的麦当劳店铺，在500米内必有肯德基的存在，两者相互依存，共同在中国市场做大做强，二者地位固若金汤。

**真正的商业竞争，是不以诋毁对方为底线的。凡是诋毁对方的企业，虽然在短期内使对方受到了伤害，但是从长期看，它动摇了消费者对整个行业**

**的信心，直至低迷，最后引火烧身，伤到自己。**

　　曾经的牛奶行业，个别商家为了利益，不择手段，出现了三聚氰胺事件，不法商家最终锒铛入狱。这个事件仍然影响至今。

　　回头看看中国两大凉茶王老吉和加多宝，经历了持久的争战。无论是消费者、政府还是整个社会，他们真正想看到的是两大凉茶联手竞合，变成世界两大凉茶品牌，让中国文化走向全球，让中药瑰宝普惠全世界，最终与两大可乐品牌相抗衡。这才是企业家的大胸怀、大抱负，这才是商业竞争的完美画卷。

# 系统思维：大商业的底层逻辑

经营企业考察管理者的什么能力？系统思维是关键，与系统思维相悖的是零散的思维，就是"头痛医头，脚痛医脚"，没有思考现象背后的成因、成因背后的动力。真正顶级的商业思维，考虑的是现象背后的系统、客户背后的客户、需求背后的需求。

我记得，我家小孩三四岁的时候看动画片，她很生气地指着动画片里的侦探说："为什么他这么笨，费了这么多力气都抓不住坏人呢？"

为什么小孩没有看完所有的动画片就能知道谁是坏人，谁是好人，而侦探却抓不住坏人？

并不是三四岁的小孩智商超群，而是小孩在看动画片的时候，可以从整体、多维度看到每个人所做的事情，以及他们想要达到的目的，这个时候的小孩拥有"上帝视角"。

侦探之所以不能像小孩一样快速知道谁是坏人、谁是好人，就是因为他没有"上帝视角"。

"上帝视角"其实就是系统思维。简单地说，系统思维是一种整体性的思维方式，就像小孩看动画片一样，能从不同的角度，整体地、关联地看待坏人都做了哪些坏事，是如何变坏的。

**具有系统思维者，看待问题不再是"头痛医头，脚痛医脚"，会把想要达到的结果、实现结果的过程、过程的发展以及对未来的影响等问题，作为系统进行研究。**

想要拥有系统思维（图1-1），需要像小孩看动画片一样，先找到三要素。

（1）要素：指系统的各个组成部分。

儿童在看动画片的时候，他从全面的角度看到了所有人，不同的人就是构成一个系统的要素。

（2）连接：指要素建立的关系或结构。

儿童之所以能知道谁是坏人，谁是好人，是因为他了解到每个人所做的事情是什么，以及每个人与其他人的关系是什么。

（3）目标：指整个系统的功能或要实现的最终目的。

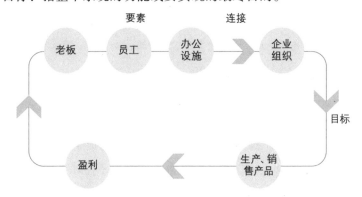

**图1-1　系统思维**

动画片弘扬的是正能量，无论坏人多坏、多聪明，动画片最后的大结局一定是侦探抓住坏人，引导儿童以善为本。

人体本身也是一个系统。人体，由40万亿~60万亿个细胞组成，细胞就是人体的要素；细胞在分化的基础上，形成组织，组织聚合成为器官，器官之间的联系又形成系统；最终，人体在各系统的有机配合下，能实现不同的功能，维持自身存在的目标。

学校也是一个系统，学生和老师、基础设施等构成学校的要素，这些要素通过学校的规章制度连接起来，最终实现"教书育人"这一目的。

企业也是一个系统，老板、不同层级的员工、办公设施构成企业的要素，这些要素连接在一起，成为一个完整的组织架构图，各要素各司其职，生产、销售产品给客户，最终完成盈利的目的，确保企业长久经营下去。

除此之外，医院是一个系统，政府机构是一个系统，家庭也是一个系统……系统无处不在。

了解什么是系统，学会分析系统三要素的人，就已经比很多人都具有清晰的认知，可以从整体分析事情。

但只要改变系统构成中的任意一个要素，就会产生不一样的效果，而三要素中，一旦改变目标这项要素，就会产生牵一发而动全身的效果。

一条船，如果把船的旧木板更换成新木板，虽然改变了要素，但对船并没有影响，它还是一艘船。

如果改变木板的连接方式，变成榫卯结构，坚固程度就会不一样，抗风浪程度也会不一样，这是通过改变连接方式而产生的效果。

如果要改变这艘船的使用目标，如改为军舰，要素也需要发生改变，要把木制的材料都换成钢结构，还要增加要素，如枪、炮和很多的军人，为了让船体更加无坚不摧，连接方式也需要发生改变。

以龟兔赛跑为例，以前的比赛规则是，谁先跑到终点谁就获得胜利。如果现在把比赛目标改变，以最后一个到达终点者为胜利者，会发生什么改变？

兔子不再想办法跑快，而是想尽办法让自己跑得慢一点，所以兔子开始睡觉，在自己的身上捆绑重物，目的就是最后到达终点。改变目标后，就改变了连接方式。

如果一家企业，原本的目标是进入一线市场，得到高端人群的认可，创始人对此投入大量的人力和资金，但他的产品无论如何都得不到高端人群的喜欢。

后来他觉得可能是自己的目标错误，毕竟产品的质量、包装都无法得到一线市场高端人群的认可。所以他想，干脆进攻三线市场，得到大众的认可就行。

改变了目标后，要素也会发生改变：以前他聘用的都是在一线市场有大量资源的员工，现在他要把这些员工都换成在三线市场有丰富经验的人。

连接方式发生改变：以前通过在高端商超静静陈设货物的方式连接用户，现在则是通过小卖铺陈列加上大喇叭吆喝、促销员推广的方式连接用户。

很多时候，我们总用惯性思维把问题归结于要素上，渴望通过改变要素而改变结果。但是要想改变系统，最大、最强有力的方式是先改变目标，然后是连接，最后是要素。

企业家具有系统思维后，当一件事情出现问题时，首先要问问自己，是不是设定的目标有问题，如果目标错误，要素和连接方式也不会正确。

系统的构成之间具有因果关系，改变一个构成方式就能改变整体结构，所以决定和决策不同。

**决定是根据一个"单一的点"做出的解决方案，但决策做的是决定的总决定，是决定的总和效应，牵一发而动全身，具有连锁效应。**

做决策时，应该具有全面思考的能力，了解彼此的关系，从整体做研究，洞察本质。

一家企业最近的销售额持续下降，怎么办呢？

没有系统思维的老板，会召集员工集思广益，共献良策。但员工们一般也没有系统思维，他们的想法像散落在地上的珍珠，想到什么就是什么，细碎而凌乱。

员工们七嘴八舌说出了可能会影响业绩的问题。

（1）生产成本太高了。

（2）产品缺少促销力度。

（3）产品价格太高。

（4）对销售人员的激励机制不够。

（5）终端的利润太少。

（6）产品在终端陈列的方式有问题。

（7）渠道铺得太少。

（8）缺少新产品竞争。

（9）产品设计缺少新意。

（10）销售人员的话术太刻板。

老板听完以后焦头烂额，觉得公司的问题太多，好像就要开不下去了一样，不知道怎么样才能提升业绩。

拥有系统思维的老板是这样做的。

提升业绩是目标，这没有问题，应该思考完整的销售系统由什么组成，要素是否有问题。

（1）产品。

（2）价格。

（3）渠道。

（4）促销。

如果要素都具备，再用系统思维的方式思考连接方式。

（1）产品质量是否有问题，包装的设计和质量是否能打动用户？

（2）产品的价格是不是定得太高，不符合目标人群的购买能力？或者是定价太低，不符合目标人群的预期，间接感觉产品质量差，不信任品牌？

（3）渠道的选择是不是有问题？比如，客户都是学生，但产品并没有进入学校，都在大超市里卖。产品是不是没有真的推到客户的面前？或者是不是渠道的数量不够，所以销量不够？

（4）在节假日的时候，是否推出了合适的促销方案，有没有促使客户心动下单？

老板通过整体性的、从头到尾的梳理过程发现，是产品的价格太高，目标人群难以承受，当产品的价格下调5%以后，整体的销量开始持续上升，还得到很多客户对产品质量的认可，成为回头客。

有太多的人想一出是一出，思维零散，说出的话，没有理论可依靠。**但掌握了系统思维，企业家在面临员工七嘴八舌的解决方案时，也能找出准确的问题，快速做出正确的决策。**

# 第二章
# 商业模式的常识

产品力决定你好不好，品牌力决定你强不强，

模式力决定你大不大！

# 究竟什么是商业模式?

商业模式是商业参与方的连接方式和连接数量。连接方式决定交易关系的强弱,连接数量决定交易规模的大小。

我家兄弟姐妹 6 个,小时候家里比较穷,买不起很多苹果,通常是 6 个人分一个苹果,我们每个人都会抢着分苹果,因为谁分谁就可以给自己切一块更大的苹果。结果其他人都不满意,只有分苹果的人满意,于是就出现兄妹几个打来打去的情况。

后来妈妈给我们开会,让大哥大姐让着弟弟妹妹。一开始还好,但时间久了,他们就不满意了,对妈妈说:"我们正在长身体呢,需要营养,为什么要让着弟弟妹妹?"

后来妈妈就和弟弟妹妹商量,告诉他们,哥哥姐姐正在长身体,需要营养,所以要把大块的苹果分给哥哥姐姐。一开始也都很友好,但时间久了,弟弟妹妹也不高兴,怎么办呢?

妈妈就给我们所有人开会说:"你们要做德智体全面发展的好孩子,要学会先利他再利己,尽量把大的让给别人。"时间久了,又出现打来打去的情况,这个时候还能怎么办?

有一天爸爸想到一个好主意:谁都可以分苹果,但分苹果的人只有在所有人选完以后，他才能拿到苹果。最后大家都很满意。为什么？

因为分苹果的人最后选，他会把苹果尽量分得一样大，尽量不让自己吃亏。所以决定每个人满意不满意，靠的就是分苹果的方式。

一个令所有人都满意的分苹果的方式，是由下面几个要素组成的。

（1）所有参与分苹果的人，是利益相关者。

（2）谁来分，掌握分苹果的主导权，是利益分配者。

（3）谁先选，谁后选，是分配的方式。

**一个好的合作模式，通常是由利益相关者、利益分配者、分配方式组成。最重要的是，好的合作模式能满足利益相关者对利益需求的最大化。**

究竟什么是商业模式？

其实商业模式和分苹果的例子一样，需要有利益相关者、利益分配者、分配方式即交易方式。

什么是利益相关者？

利益相关者是指参与商业活动的所有人。比如，在企业的内部，为了维持生产和运转，会有企业家、员工、股东；在企业的外部，会有客户、供应商和其他各种合作伙伴等人员。

利益的分配方式是什么？

谁来主导分配，在企业里通常是由企业家主导；分配的比例，即员工的薪资设定、合伙人可以拿到多少分成等；分配顺序，即企业整体获得利润时，应该先分给谁，后分给谁，通常是付出最多者先获得分配。

交易方式：有些企业靠卖东西生存，但现在还有一些企业靠租赁的方式赚取利润。就像婚纱，因为大部分人都是一生结一次婚，所以对于经济条件不好的人来说，结一次婚买一件婚纱很不划算，所以很多婚纱店靠出租婚纱的方式来获取利润。

以前用户买东西都是一次性付款，后来随着互联网的发展，加上现代年轻消费者花钱喜欢透支，出现很多分期付款的方式。如果你在淘宝、京东买东西，都是先付钱再给你货，这是一种交易方式；但如果你是在拼多多买东西，就是先给货，当你的货物到家的时候，再付钱，这也是一种交易方式。

市场上比较常见的商业模式会有下面几种。

### 1. 差价模式——AB 模式

差价模式是从古至今众多企业采用的商业模式。

古代的商人为了养家糊口，自己做点小吃，加点价拿到市场上卖获取利润。改革开放后的"倒买倒卖""投机倒把"也都是差价模式，从别的地方进点货，到别的地方卖，赚点差价。现在的直销，就是从厂家进货，加点价转手再卖给用户。

目前大多数企业也都是用这种模式赚取利润，除掉各种费用以外就是公司的基本利润。

### 2. 收过路费模式——ABC 模式

以前的商业模式是两个人，由 A 卖给 B，但现在要在中间加个人。

早期的时候，产品都拿到集贸市场卖，这是由 A 卖给 B。商场成立后，很多商家把品牌入驻到商场，商场抽取品牌方的佣金费或租金费。

即便是现在的淘宝、京东、拼多多，也都是这种模式，提供一个平台，让众多品牌商入驻。

A 和 B 都可以赚到钱，那 C 怎么盈利呢？

收取过路费，也就是你在我这卖东西，我提供一个平台，但你得先交点钱。

### 3. 第四方付费模式——ABCD 模式

按照正常的理念，你买产品都是要花钱的，但你看电视剧会给别人钱吗？不会。

传统企业认为，所有经营成本都是由企业来承担，所有收入都是客户支付，但并非如此。

这叫作"羊毛出在狗身上，猪来买单"，什么意思呢？

拍电视剧的摄制组是 A，观看电视节目的用户是 B，播放电视节目的是 C，而广告商就是 D。因为有很多人都在看电视节目，流量大了以后，在电视节目中间插播广告，就可以提高产品的名气，甚至提高销售额，所以广告商越来越多，最后甚至直接投资节目拍摄。

随着商业模式越来越复杂，还会有第四方、第五方……但不同的商家在不同的商业模式中，都有不同的角色，赚它们该赚的钱。

目前已经有 30 多种模式，但核心的模式有低成本模式、收费的开门模式、"刀片 + 刀架"模式，分别教会你在原材料不变的情况下，成本降低 50% 的方法；教会你把一生一次的生意变成一生一世的生意；教会你通过不要钱或低价的产品干掉竞争对手。

## 低成本模式：砍掉一半成本的方法

如果有人告诉你，在确保产品品质不变的情况下，还能砍掉50%的成本，听起来是不是像天方夜谭？但是一些优秀的企业都能做到，如西南航空、福特汽车。那么，它们是怎么实现的呢？

企业家最熟悉的竞争手段就是降价。

当有人对降价提出质疑时，他就说这是波特的低成本战略。

很多人没有搞清楚低成本战略与价格战的区别，其实两者完全是风马牛不相及的事情。

什么是低成本战略呢？

为了解释清楚这个问题，我们先看企业是如何进行价格战的。

举个例子，企业 A 和企业 B 生产冰箱，成本都是1500元，价格都定在3000元。刚开始，大家都相安无事。后来企业 B 想通过价格竞争破局。怎么办呢？

于是，企业 B 把价格降到2800元，企业 A 被迫跟进降价，变成2800元。两个企业不停地往下降价，降到什么程度呢？

企业 B 降到1600元的时候，企业 A 也降到1600元。价格降到最后，企业只赚取加工的社会平均工资。那么，老板最后就是一个打工的，老板的命就成了打工的命。

明白了价格战的危害之后，我们再看什么是低成本战略。

**企业真正较量的不是价格，而是成本。**

**企业真正领先的不是价格优势，而是成本优势。**

同样是两个企业 A 和 B 生产冰箱，如果企业 A 能把成本由 1500 元降到 1000 元，企业 B 的成本还是 1500 元。如果企业 B 降价到 1500 元，那么企业 A 完全可以降到 1400 元，一台冰箱还可以赚取 400 元的净利润。企业 A 通过成本的大幅降低来获得成本竞争优势，这就是低成本战略。

什么叫低成本战略呢？

**低成本战略是指企业通过有效途径，实现成本降低，建立不败的竞争优势。**

你也许会质疑通过低成本战略获取竞争优势，这不是天方夜谭吗？

怎么可能将成本降低 20%、30%，甚至高达 50% 呢？

世界上真有将成本降低 50% 的办法。

有哪些办法可降低成本呢？

第一种方式：规模效应集约化，降低成本。

格兰仕为什么被称为"价格屠夫"？格兰仕微波炉为什么便宜？

其竞争密码是规模经济。

格兰仕的规模经济首先表现在生产规模上。1996 年，格兰仕微波炉的生产规模达到 100 万台，规模化为格兰仕带来了战略性成本优势，这时能够大幅度降低采购成本、销售成本等各项成本。格兰仕的生产规模每上一个台阶，价格就大幅下调一次。

当自己的规模达到 125 万台时，就把出厂价定在规模为 80 万台的企业的成本价以下。此时，格兰仕还有利润，而规模低于 80 万台的企业，多生产一台就多亏一台。当规模达到 300 万台时，格兰仕又把出厂价调到规模为 200 万台的企业的成本线以下，使对手无能为力。格兰仕成功地用低成本战略打败竞争对手，垄断了微波炉行业。在当时，格兰仕就是微波炉的代名词。

**规模效应，就是生产更多的商品，使边际成本达到最低。**

第二种方式：流程重构标准化，降低成本。

福特汽车在刚推出时价格为什么那么低？

在 20 世纪初期，汽车行业刚刚兴起，只有降低产品成本和价格才能促使产业进步。于是，福特汽车利用"大量生产和大量消费"的思想，创新性地采用"生产流水线"和标准化生产。

1913 年，福特汽车开始建立生产流水线，12 小时 28 分钟组装一辆汽车；1920 年缩短为 1 分钟；1925 年又缩短为 10 秒钟。汽车价格急剧下降，实现了轿车的平民化，直到 1923 年，福特汽车市场占有率达到了创纪录的 57%。

福特汽车依靠标准化生产线，能够提升员工的熟练度和工作效率，提升整个生产线的效率，在同样的时间能够生产出更多的标准化产品，均摊到每个产品的成本就会降低。

第三种方式：重组价值链高效运营，降低成本。

西南航空为什么能够实行低成本战略？

（1）它选择细分市场，选择有稳定客流量的中等城市、竞争少的短途航线，把汽车作为竞争对手，而不是飞机。

（2）最重要的，它重组价值链获得成本优势，做减法，去掉高成本的价值链部分，千方百计降低成本。

比如，取消头等舱，只有普通舱；只有波音 737 一种机型；大规模采购有折扣；同一机型可以集中训练飞行员和维修人员，节省培训费用。

西南航空自建售票系统，采用直销中心售票，是全美最早使用网上售票的航空公司。建立自动验票系统，加快验票速度。不排座位，采用先到先坐制。飞行中不提供点餐服务，只供应饮料与花生，较长点的旅程，则多提供饼干之类的点心。为省人力，常把这些放在登机口让旅客自取。这不仅省去一笔昂贵加热设施（热饭等）的费用，而且可以将加热设施位置进行改造，增加 6 个座位。波音 737 的乘务员通常是 4~5 名，而西南航空公司仅 2 个人，大大节约了成本。此外，西南航空还有其他降低成本的举措。

航空业每经历一次大规模的缩减开支或遭遇一次艰难时期，西南航空在业界的地位就升高一些，市场份额就扩大一点。

# 跨界打劫模式：干掉你的与同行无关！

阻击方便面发展的，不是同行业对手，而是外卖；阻击阿里的，不是京东，而是抖音；阻击星巴克的，不是同行，而是一个卖面包的。这些行为都是"穿别人的鞋，让别人无路可走"，是跨界打劫模式，也可以说是"草船借箭"。

有人想开一家火锅店，但竞争越来越激烈，应该怎么办呢？

有一家火锅店的老板发现，有很多人都去旁边卖冷饮的店买冰激凌，生意非常好，他就想，如果自己的店里也卖冰激凌，会不会提高销售额，毕竟客户吃冰激凌不能填饱肚子，总要吃饭，而火锅又是近几年备受欢迎的食物之一。

所以火锅店老板在店里卖各种各样的冰激凌，价格比旁边店的更便宜，口味却更好。旁边店的生意变得越来越差，开始降价销售，但客流量还是很少。

因为火锅店的老板把冰激凌变成主力产品，让逛街的消费者在口渴、热的时候都可以买到又便宜又美味的冰激凌，顺便吃火锅。而冷饮店的店面小，没有厨师和服务人员，是无法卖火锅的，只能眼睁睁看着自己的客流量越来越少。

其实这类事我们都见过，当连续 18 年销量不断增长的方便面品牌打得热火朝天，每年都推出新口味抢对方的蛋糕时，谁能想到外卖平台的出现，让方便面的方便属性减弱，连续多年销量下滑。

当银行管理者想尽办法在酒局上开发新客户、维护老客户的时候，他们应该也没有想到，打赢他们的不是竞争对手，而是支付宝。在 2018 年，余额宝的活期存款规模达到 1.86 万亿元，超过中国银行的 1.63 万亿元。

以前只要分清谁是朋友、谁是敌人就好，但现在竞争的边界越来越模糊，无论是冷饮店，还是方便面品牌和银行，都没有料到潜在的竞争对手是谁。

**这个时代，竞争是全方位、多维度的，干掉你的未必是同行。这是一个跨界打劫的时代，"杀人不见红"。**

什么是跨界打劫？

在人们的认知里，竞争对手通常都是同行，但跨界打劫是在你所在的行业，却出现其他行业的人来抢生意。

跨界打劫的核心逻辑是什么？

**把别人的核心价值变成自己的附加值。**

别人的核心价值：如冷品是众多点心、茶饮店的核心产品。

附加值：火锅店把冷品变成自己的引流产品。

下面我讲个案例，完整拆解别人是怎么做到跨界打劫的。

提到咖啡，你们会想到谁？

星巴克、瑞幸。

但你们知道在中国有一个卖甜品的品牌，卖出的咖啡量超过它们吗？

它叫 85 度 C，成立于 2003 年，1 年在马来西亚开 110 家店，3 年在中国台湾开 370 家店，1 年在上海开 97 家店。它店店盈利，在马来西亚，星巴克只能与它打成平手；在中国台湾，它以 32% 的市场份额压倒星巴克的 25%，2007 年，它的最高单店月销售额就已达到 180 万元。

85 度 C 的创始人叫吴政学，他先是开了一家面包店，面包虽然好吃，但没有人买。一次，他坐在星巴克时，发现咖啡店的人流量很多，他觉得如果能让去星巴克喝咖啡的人都去买他的面包就好了。

**1. 用同质量、同口味的咖啡，低价打劫星巴克的客户**

作为一名面包师，吴政学发现星巴克的咖啡成本很低，用最好的咖啡豆，一杯咖啡的成本只有 3 元，却可以卖到 20 ~ 30 元，如果每杯卖 8 元，毛利率还有 60%。

吴政学想，如果自己用低价或免费的方式卖咖啡，即便亏本也没关系，因为买咖啡的人总会饿，可以带动面包的销量。

他找到星巴克的原料供应商，做出一样味道的咖啡，价钱只有每杯 8 元，抢夺真正想喝一杯纯正咖啡，又不愿意支付太多溢价的人群。

**2. 把门店开在星巴克的旁边，打劫流量**

星巴克的店面都处于繁华地段，200 平方米的商铺每月的租金超过 10 万元，商铺租金是半年一付，100 家店，半年的租金就是 1000 万元。

85 度 C 老板的资金远远不如星巴克，无法开大店，所以 85 度 C 的店面都是 20 平方米左右，主打外卖战略，店租成本只占营业收入的 25% 左右。

最重要的是，85 度 C 的门店都开在星巴克的旁边，用最低价的咖啡吸引去星巴克的人群。

**3. 用咖啡带动面包的销量**

85 度 C 有美味低价的咖啡引流后，店面的人气已经很高涨了，但吴政学的本意是卖面包。他为了凸显自己的面包品质，邀请 20 多位五星级面包师现场烘烤面包，店中贴满五星级厨师荣获世界冠军称号时的照片。热气腾腾的面包、五星级厨师的形象，打造出既高品质又美味的形象，吸引客户排队购买。

2006 年，85 度 C 在台湾有 340 家门店，一年卖出 1 亿杯咖啡，85 度 C 的营业总额中，面包产品占一半。截至 2018 年，超越星巴克销量的瑞幸，在中国有 2073 家店，才卖出 9000 万杯咖啡。

85 度 C 把星巴克赚钱的主力产品——咖啡，变成自己的引流产品，再卖面包赚钱。

《三体》里有一句话："我消灭你，与你无关。"这句话用来形容跨界打劫再合适不过。

　　这是一个无边界的时代，每个行业都在交叉，并相互渗透。你原来一直获利的产品，很可能在另一个人手里成为一种免费的引流服务。

　　如果有一天你隔壁的火锅店卖围裙、调味品都比你的生意好，你也不用惊讶，你要学会未雨绸缪，用跨界的思维思考问题；你若不敢跨界，就有人跨界过来打劫，把你的"蛋糕"切走一半！

# 收费的开门模式：
# 把一生一次的生意，变成一生一世的生意

> 你买了特斯拉汽车，不代表付款的结束，而是不断追加付款的开始；你买了小米电视，不是付款的结束，而是持续付钱的开始……它们都把一生一次的生意变成了一生一世的生意。

什么是收费的开门模式？

先来看一个故事：2017 年，王思聪曾经发出过一条有关 100 英寸（1 英寸 =0.0254 米）电视机的微博，当时这款电视机的价格是 49.9 万元，毫无疑问，普通人买不起。

3 年以后，小米把富豪专用电视机卖入普通人的家庭，你可能会想，普通人怎么可能买得起？

但小米把 49.9 万元的电视机价格，降低到只有 2 万元。

你听完以后是不是觉得很不可思议，甚至觉得小米真傻，这生意肯定赔本。

这天下没有哪个商家愿意赔本做研发，小米赚的是你把电视机买回家之后要花的钱。

小米获取利润的途径有哪些？

**1. 广告费**

初期，小米电视机刚开机的时候，广告只有 15 秒，后来增加到 30 秒，

再到后来是 60 秒。广告时长的变化，意味着广告费的增加。

你在看电视节目的时候，中间也插播广告，广告商都要支付广告费给小米。

### 2. 会员费

看广告是不是很烦？

不想看广告，只想看海内外的高清大片？只要你成为会员，动画片区、电视剧区、电影区、腾讯视频、爱奇艺等平台的所有内容，你都可以随便看，还没有广告。

前提条件是，想成为会员，一年要缴纳 400 元左右的会员费。

目前，小米电视机全年出货量稳居中国第一、全球前五。即便按照一年卖出去 5000 万台计算，一年就有几十亿乃至上百亿元的会员费收入。

### 3. 佣金收入

以前的电视只能看娱乐休闲节目，但小米电视还能卖课。

2020 年，学生都在家上网课的时候，小米宣布为学龄前乃至小初高的学生免费提供 200＋精品课程，涵盖八大门类，还有 1000 多场直播课，让在家学习变得更高效。

小米还为成年人提供财商课，教月收入不高的人在家学理财，让小米电视成为"知识超市"。

小米为什么这么做？

假设小米和曾经的电视机厂商一样，生产一台电视机就卖一台，因为价格高，销量必定少，再等他们把电视机卖完，基本和消费者就没有任何关系了，这叫作一锤子买卖。除非等十余年后，电视机老旧或损坏了，消费者再来买你的电视机，但他们很有可能在 10 年后买其他品牌的电视机，与你没有什么关系，这就是一生一次的生意。

**小米通过降低电视机价格，薄利多销，再用广告、会员、课程与消费者建立长久的关系，就像从不稳定的男女朋友关系变成夫妻关系，日日陪伴，感情稳定且长久，把一生一次的生意变成一生一世的生意，持续获取利润，这种商业模式叫作收费的开门模式。**

收费的开门模式是指商家与客户建立长期关系，持续地让用户产生消费。

中国有太多的商家做生意，都是一单一单地去做，等这单生意完成，再做下一单，每年都要重新寻找一个新的增量，这种模式不稳定且无法持续获利。

举个例子：传统的果农是怎么卖水果的？

水果成熟以后，哪个收购商需要货就主动联系果农，果农只需要把水果摘好，等着收购商把货拉走就行，至于最终卖给谁，收购商还会不会再来找他，这都是说不准的事。

但你有没有见过放在商场、高铁站、飞机场里的现榨橙汁自动贩卖机。

只要你扫码付钱，摆放在透明柜子里的新鲜橙子，会在机器的操作下自动榨汁，直到榨完5个橙子，一杯新鲜的果汁就会出现在你的面前。

在一些热门商场，工作人员表示，每天要添加2～3次橙子才能满足需求。

虽然没有人知道现榨橙汁自动贩卖机的老板是谁，但我觉得这位老板很聪明，传统售卖水果的方式，是一生一次的生意。但通过现榨橙汁自动贩卖机，可以持续服务那些渴望喝到新鲜果汁的消费者，还免除了他们买设备的投入。

对于经营者来说，只要提供橙子就行，现榨橙汁自动贩卖机可以租，场地也是租来的，却可以长久地与消费者建立关系，把橙子源源不断地销售出去，这就是一生一世的生意。

商场、飞机场、高铁站的按摩椅，如果按照传统方式售卖，每一台按摩椅的售价都高达几万元，普通家庭或中产家庭，都不会舍得、愿意买一台占地面积大且昂贵的按摩椅放在家里。

按摩椅的厂商租商场、飞机场、高铁站的一小块地方，当人们累的时候，或者还没有到乘车的时候，只需要扫码花10多元就能享受一场舒适的按摩。这种方式还可以帮厂商解决以下问题。

（1）设备贵，销售难的问题。

（2）设备贵，销售一台算一台的问题。

（3）消费者渴望通过按摩消除疲惫，却又不舍得买设备的难题。

挪宝公司是欧洲最大的电暖器制造商之一，旗下有一款中央空调设备，打算进入中国市场，它的设备比市场上的中央空调省 1/2 的电，总运行成本只是别的空调的 1/3，但价格比别的空调贵 15%。如果是你会怎么做？

按照传统的模式：向开发商销售中央空调设备，一次性收取 600 万元的设备费，以后就没有联系，等于一个项目合作完成，就意味着业务结束，要重新开发新客户。

但有哪些酒店或小区的开发商，愿意一次性支付 600 万元？而且这种方法能快速打开市场吗？

你知道挪宝公司是怎么做的吗？

全世界的客户都有一个共同的特点：只想要最好的，不想买最贵的。

挪宝公司空调省电令客户满意，但高昂的价格对于开发商来说，属于一次性支出，资金压力大，买了设备后还需要投入电费、维修费，整体的决策成本高。

挪宝公司空调将"销售设备"转变为向开发商"提供整体服务"，只送不卖：挪宝公司向开发商免费提供空调设备，签订 10～15 年的合同，满 15 年，空调设备归开发商所有。

挪宝公司空调是怎么获取利润的呢？

在 15 年的时间里，挪宝公司的设备按每天、每平方米收 1.2 元电费计算。

由于挪宝公司具有比同类产品节省 1/2 电费的优势，按照 1 万平方米算，虽然每年从开发商身上收到 360 万元的电费，但用来支付国家的费用不超过 225 万元，仅电费一项，挪宝公司 10 年可盈利 1350 万元。

如果挪宝公司按照销售设备的模式，10～15 年只赚取一套 600 万元设备费；按照收取电费的方式：10～15 年电费盈利 1350 万元，比销售设备费的利润翻一倍。

挪宝公司通过租赁空调，帮助开发商节省多少费用？

开发商每天、每平方米付给国家 1.5 元电费，挪宝公司每天、每平方米只收 1.2 元，按照 1 万平方米、10 年的时间算，挪宝公司可以帮助开发商节省 900 万元电费支出，所以挪宝公司的设备受到很多开发商的欢迎。

无论是小米的电视机，还是按摩椅或挪宝公司的空调，都把卖产品变成了卖服务，把价格高、消费决策成本高的产品，通过降低客户购买的费用，用隐性的服务建立与客户的长期关系，以获取更多的利润。

# 免费的商业模式：买卖双方两相宜

> 免费＝免＋费，免去的是前期的钱，耗费的是后期的钱；免去的是 A 的钱，耗费的是 B 的钱。免费的商业模式本质是交叉支付或转移支付，只要能理解这一点，就能理解互联网时代的玩法。

有人会说，免费是骗子，免费是雕虫小技。

其实，免费自古就有。

免费作为一种商业模式，已经成为商家推广产品的手段，在市场上大行其道。你看路边的超市门口，大爷大妈正在排队领免费的鸡蛋；一家鞋店写着"回馈大酬宾，买一赠一啦"；水果摊上循环广播"先尝后买，不甜不要钱"；去商场购物，免费停车；去吃火锅，免费吃小吃；去景点游乐场，儿童免费；去酒吧迪厅，女生免费。

互联网时代下，电商平台上的下单赠送礼品、免费吃霸王餐、0 元限时领购、免费包邮、免费安装等，都有免费的身影。

关于免费，似乎天下无敌。

毕竟，谁能够拒绝免费的诱惑呢？

但是，关于免费，需要具备哪些条件呢？

## 1. 免费物品的成本比较低

免费的物品成本不能太高。比如，有家早餐店，你经常去吃，其实这家店的包子、油条的味道一般，吸引你经常去这家店的原因是：这家店的小咸菜特别好吃，并且免费。

看似不起眼的小咸菜，成本很低，却成为早餐店锁客的小绝招。

再如，买车送脚垫，客户满意度会非常高。

## 2. 免费物品是零成本无限复制的

为什么能零成本？

因为物品一旦生产出来，一个人能用，一亿个人也能用。

你用的微软 Windows 是正版的吗？

在中国有多少人办公，用的是微软的正版 Windows？

难道微软不知道盗版盛行吗？

微软早就知道盗版猖獗，如果微软想维护版权打击盗版，也是轻而易举的事情。因为系统的核心代码掌握在微软手里，只要微软改一下核心代码，盗版 Windows 就立即不能使用。

为何微软没有这么做？

早期，比尔·盖茨接受采访时说："中国人不爱花钱买软件，但只要他们想用，我们希望他们用我们的。"

其实，这是微软"欲擒故纵"的免费的"阴谋"。微软心里谋划着一场中国市场争夺战，想用盗版霸占整个中国市场。

（1）免费推广，依靠盗版吸聚海量用户，不花一分钱免费推广，就可以迅速地开拓中国市场。

（2）培养用户习惯，像我们经常用到的 PPT、Word，一旦用久了，就习惯了，就很难再改用其他的办公软件了。是不是你即使买了苹果电脑依然要安装微软的 Windows？你很难摆脱对微软系统的依赖性。

（3）如果微软封杀了盗版，就给了别的操作系统市场机会，微软当然不愿意。

微软就是靠这种免费推广方式，普及产品应用，占领中国市场，今天依旧垄断着中国市场。

### 3. 免费能够带来美好的体验

比如，商场的试吃，能够瞬间给你带来产品的美好体验，促使你立即产生购买行为。

比如，美容院搞免费体验活动，某女士进去体验一下，做完效果挺好。在店员的引导下，一时冲动就会办个会员卡。

### 4. 免费物品 A 和其他物品 B，形成 AB 关联性

免费送 A，让你不得不购买 B。

比如，买剃须刀，刀架免费送，刀片需要购买。

你知道"狄德罗效应"吗？

有个哲学家叫丹尼斯·狄德罗。有一天，朋友送他一件非常华贵的睡袍，狄德罗非常喜欢。他穿着睡袍在书房里走来走去时，总觉得家具不是破旧不堪，就是风格不对，地毯的针脚也粗得吓人。于是，为了与睡袍配套，他把家具换了，把地毯换了，把旧的东西全部换了一遍，最终书房终于跟上了睡袍的档次。这就是一件睡袍引发的连锁消费行为，也称"狄德罗效应"，指的是人们在拥有了一件新的物品后，不断配置与其相适应的物品，以达到心理上平衡的现象。

商家利用消费者的这种心理，撬动消费者购买更多的商品。

### 5. 免费物品让消费者形成依赖性

免费试吃、试用的物品，一旦食用或者使用了，会让人上瘾、欲罢不能。比如，一瓶辣酱，你免费尝了一点，非常过瘾，你从来没有吃过这样的辣酱，为了解馋，会继续购买这个辣酱。还有其他嗜好型产品，如槟榔、烟、酒茶等。

免费的商业模式都有哪些呢？

一共有三大类免费模式。

第一类：买 A，免费送 B。比如，买电磁炉送锅具。

第二类：A 免费，B 收费。比如，儿童免费，大人收费。

第三类：全部免费，第三方买单。比如，报纸免费送，广告主买单；视

频平台电视剧、综艺节目免费看，广告主买单。

免费带来的后续效果是什么？

（1）商家通过免费的产品，把你引流进来，如果你想获得更多的权益价值，就需要充值消费，商家从这里获取利润。比如，你用某网盘，可以免费下载使用，如果想要更大的容量、更快的下载速度，你必须充值变成会员，才能够享受到这份特权；一些网络游戏也是利用免费吸引用户下载，如果用户想升级装备就得充值。

（2）以 A 带动 B，如"剃须刀刀架 + 刀片"模式。

（3）送小买大，送廉买贵。免费是商家发放给消费者的诱饵。比如，商家免费送茶叶，你看到茶壶不错，就买了一把茶壶，这是心理学上的"互惠原理"。

# "刀片+刀架"模式：善意的低门槛圈套

> 石油大王洛克菲勒赚的第一桶金，是通过免费送煤油灯，
> 持续卖煤油的方式发家；利乐公司通过赠送免费的杀菌设备，
> 持续地靠利乐包装赚钱。

如果让你回到 1850 年，石油大王洛克菲勒还没有大学毕业，石油还被人们当作无用的黑色恶水，而你发现了很多石油，请问你如何抢在洛克菲勒的前面，成为石油大王？

费尽口舌向人们讲石油是金子，从石油里能提炼柴油、润滑油、喷气燃料等用在汽车、货车、火箭上？别人会像看傻子一样瞅着你，转身就走。

因为在那个时代，汽车还很少见，至于火箭，当时的人还不明白这个词的意思。请问你还能怎么做？

我们来看看洛克菲勒是怎么把石油卖到世界各地的。

你们用过洋油灯吗？

"60 后""70 后""80 后"应该都用过或见过，洋油灯的名字是怎么来的？

洋油灯是从西方引入中国的，当时的老百姓对于西方的物品，喜欢加个"洋"字，所以叫洋油灯，还有老百姓叫它煤油灯，而引入者就是洛克菲勒。

洛克菲勒 19 世纪从石油里提炼出煤油，用来做煤油灯的照明燃料，在西方国家很受欢迎。清末年间，他想把煤油灯引入中国市场，当时中国普遍使用的是老油灯、蜡烛，煤油灯作为舶来品，一开始备受中国消费者的质疑。

洛克菲勒为了打开中国市场，派人挨家挨户免费送煤油灯，一年送出 87 万盏让中国人试用。很多中国商人议论、嘲笑洛克菲勒做的是"亏本买卖"，但他们不知道洛克菲勒的算盘打得很响。

等中国人亲身体会到煤油灯比蜡烛更亮，造型美观且使用更安全时，这些煤油灯一下子就吸引住了中国人的眼球。

但煤油用完了，灯就不亮。中国人只能排队去洛克菲勒的门市部买煤油，对于有洛克菲勒集团标志的煤油灯的消费者，还能享受优惠价格。

很快洛克菲勒成为中国煤油灯燃料的独家供货商，不到 10 年时间，仅在上海，洛克菲勒就售出 900 多万桶煤油。1901 年，宁波港进口煤油达到最高纪录，彻底打开了中国市场，洛克菲勒因为煤油灯赚取到人生的第一桶金，成为美国首富。

外行人看热闹，内行人看门道，洛克菲勒送煤油灯卖煤油的方式，其实是一种很早的商业模式，叫作"刀片 + 刀架"模式。

为什么不叫"煤油 + 煤油灯"模式？

因为早期很多人都没有商业模式的概念，认为洛克菲勒的成功源于"送"，直到洛克菲勒的商业模式被金·吉列，也就是吉列剃须刀的发明者在 1906 年使用后，该模式才有了名字，称为"刀片 + 刀架"模式。

**"刀片 + 刀架"模式是用一个成本很低或不要钱的产品，让消费者对关联的、用户消费多的增值产品进行持续消费。**

"刀片 + 刀架"模式的要素有什么？

（1）基础商品，如煤油灯。

（2）附加关联的、用户消费最多的增值产品，如煤油。

（3）设置门槛。例如，用户拿着带有洛克菲勒集团标志的煤油灯，买煤油的时候可以享受优惠。洛克菲勒成为中国煤油灯的独家供货商。

我们再来看看金·吉列是如何把剃须刀做大的。

金·吉列是美国的一名推销员，负责的产品都是一次性耗材。他因公出差的时候，每次都要在酒店磨剃须刀，因为当时的刀片很厚，而男人的胡子长得又快，所以要经常磨刀片，既费时间又费力气。

当吉列又一次不耐烦地在酒店磨剃须刀的时候，忽然灵机一动："刀片为什么要这么厚？为什么老是要磨？如果刀片是一张薄钢片，没多少成本，用一次扔掉不就好了吗？"

吉列用6年时间将钢铁轧制成理想的薄片，刀架可以一直保留，只需要更换里面的刀片，用起来既轻松又不会造成浪费。吉列很兴奋地推广新型剃须刀，但一年多才卖掉51个刀架、168个刀片。

后来他发现，第一次世界大战前后，美国有很多军人没有时间磨刀片刮胡子，他干脆以成本价把数百万剃刀架卖给美国军人，让他们买可替换用的刀片，军人使用后发现很方便、卫生，成本也低。

军人退伍后也一直延续使用这种剃须刀的习惯，吉列通过成本价卖刀架、军人买刀片的方式，第二年卖出9万多副刀架、1240万个刀片，创造的业绩相对于第一年增长7万倍。之后也出现过很多竞争对手，吉利采取的办法是申请专利和收购对方的企业，以确保竞争力。

直到后来，很多公司都采用这种方法销售产品，直至成为世界知名的企业。

想到牛奶，你们会想到什么？

伊利、蒙牛。

但牛奶都需要杀菌以后才能装罐，而在1972年一台杀菌设备就要1500万元。对于那些刚进入市场的乳品、饮料企业来说，通常是没有足够多的资金购买设备的。

瑞典有一家企业叫利乐公司，创始人叫鲁宾·劳辛，这家公司最开始是做粮食包装袋的，但他发现最令人头疼的是牛奶包装。当时所有的牛奶都装在玻璃瓶里，成本高，运输也不方便，所以他研发出了第一代可以装液体的纸质包装，当牛奶被高温杀菌后，装入纸盒里还能延长牛奶的保质期。

劳辛说，用了他的盒子，牛奶的保质期会延长，如果牛奶厂家买他的盒子，就能低价租赁到杀菌设备。仅一周的时间，利乐包的销量提高 10 倍。

当时的伊利和蒙牛都采用低温杀菌技术生产牛奶，不易长期保存，销售范围小，若距离太远牛奶就会变质。受制于此，企业无法做大。

当利乐公司进入中国市场后，亏本把无菌包装灌装线卖给伊利和蒙牛，1998—2003 年，利乐公司平均每个月都会在伊利新增一条无菌包装灌装线，前提条件是，用了利乐公司的生产线，只能用利乐的包装盒。

每一个包装盒要 0.45 元，一个乳品企业扣除其他成本，50% 的利润都要交给利乐公司。

此后利乐公司在中国打开市场。包括汇源，之所以它曾经能做到果汁行业的巨头，就是因为它是国内首个引进利乐公司无菌冷罐装生产线的企业，这条生产线的引进，让汇源对果汁的热处理时间大大缩短，保证了果汁的口感、色感和营养。

直到娃哈哈、三元等几乎中国的乳业和饮料行业中的所有龙头企业，都成为利乐公司的客户时，利乐公司占据了中国95%的无菌纸包装市场。

再来讲个例子：现在每一家公司都有打印机，但你有没有发现一种现象，打印机的价钱通常很便宜，制造商也会以成本价甚至是亏钱的方式卖给你，但是墨盒的价格很贵，每年用来买墨盒的钱远远超过买打印机的钱。

厂家盈利的方式，就是卖给你昂贵的墨盒和纸张耗材。

有人说，那我从第三方买墨水，能减少开支。但你做不到。

因为很多打印机厂商为了阻止你使用第三方的墨盒而用尽各种办法。它们在自己的官方墨盒上加上芯片，如果你用第三方的墨盒或者往墨盒里面加墨水，打印机都会识别出来，从而拒绝工作。

**每一个"刀片＋刀架"的模式，都是通过质量好但利润低的产品引流，用利润高的产品完成业绩。但最关键的是，一定要设置门槛或申请专利保护，否则你的基础产品和增值产品，都很容易被竞争对手模仿甚至超越。**

# 平台模式：国家级的收费模式

> 亚马逊、阿里这类企业之所以能引起全球政府的高度警觉，
> 是因为它们用了国家级的收费模式，通过"修路架桥"的方式
> 收取所有的过路费，这是商业世界的"大杀器"。

问你们一个问题：为什么马云能站在财富的顶端？

是因为马云的学历比我们更高，还是因为马云比我们更勤奋？抑或是因为马云掌握了无可匹敌的技术？

都不是。

是马云运用了和很多小企业都不同的商业模式——平台模式！

不只是马云，目前全球最大的100家公司中，有60家公司的大部分收入都来自以平台为媒介的服务；截至2018年9月，以市值统计的全球最大的15家互联网公司全部是基于平台模式运营，包括Facebook、亚马逊、阿里等企业。

什么是平台模式？

**平台模式是创建一个能连接不同参与方的平台，让供应端在平台上提供产品，让需求端在平台上能购买到产品，达到双方的需求平衡点，从而让双方都在平台上留存下来。**

平台模式与普通企业的经营有什么区别？好处是什么？

普通企业的运营模式也能保证盈利，但比较吃力，要关注团队的凝聚力、生产力、研发力，还要天天盯着内部，无暇关注外面的发展情况；当产品终于生产出来以后，还要再拉着一车一车的货找到客户才能卖出去，很辛苦。

淘宝运用了平台模式，虽然它没有实际的产品，却赚到了世界各地商家的钱。

**淘宝平台的存在，相当于修建一条高速公路，这条公路修建好后，对世界上的所有商家开放平台，商家们带着各自的产品可以畅行无阻地在高速公路上通行，把产品送到消费者的面前，不需要再拉着货找客户。**

淘宝赚取的是你上高速时的通行费用，虽然是不到10%的佣金，但淘宝拥有数百万商家，把这些佣金加起来，数量庞大到足以造就世界级规模的企业。

淘宝的好处就是，把高速公路修好以后，只要不出现问题，就可以永远开放平台，让商家带着货缴纳通行费，但商家却要不停歇地生产产品，再把产品卖出去，这样才能有盈利，淘宝什么都不做，就有商家交钱。

当淘宝的影响力越来越大、受众越来越多的时候，淘宝除能赚取过路费之外，还可以收获什么？

高速公路上是不是都有路牌广告？

淘宝也有。

但淘宝的广告只针对商家，当淘宝聚拢了无数商家，售卖的产品又同质化，都在争夺固有资源的时候，谁的产品先被看见，谁就先有出单的机会。所以，普通商家想要获取更多的流量和关注度，就要先往平台充钱，平台再分发一部分流量，也就是让消费者先关注你的产品、进入你的店面。

所以，在其他企业日夜操劳生产产品，还要带着产品竞争时，淘宝的平台模式重新定义了买卖，跨过市场的地理范围，掌控着商户的流量密码，让国内外商家主动聚集在淘宝平台，为淘宝缴纳源源不断的佣金。

在淘宝上，只有你想不到，没有你买不到，淘宝解决了购物的问题。那么，你们出行怎么办，还会站在路边拦出租车吗？

现在的人应该经常用滴滴打车了吧，在滴滴上还可以提前预约车，人还没有下楼，预约的车就已经在等着了，比站在马路上等出租车方便很多。

滴滴旗下没有一台自己的出租车，却成为最大的出租车公司，还是全球最大的一站式移动出行平台，涵盖出租车、专车、快车、顺风车、代驾、大巴、共享自行车等多项业务，打通线上到线下（online to offline，O2O）的闭环。

滴滴的强大也源于平台模式，通过平台对司机和客户的整合，让有车辆、有时间的司机在滴滴平台上接单，让有打车需求的消费者通过滴滴软件一键下单，合理利用司机和客户之间的相互需求。通过补贴大战，滴滴的月活用户突破5亿人次，全球年活跃司机规模达到2300万。

但这2300万的司机，每次在滴滴平台上接单，滴滴都会抽取20%～30%的佣金。除此之外，滴滴软件还开始做广告：品牌商可以在滴滴软件上卖车；保险公司可以在滴滴软件上售卖保险；金融公司可以在滴滴软件上开通贷款服务；汽车维修商家可以在滴滴软件上宣传维修服务……这些品牌商都要向滴滴平台缴纳广告费。

有足不出户就可以买到东西的平台，有出门就能立刻打到车的平台，有没有在家就能吃到各种美食的平台？

有，美团。

美团没有一家餐厅，但美团赚到的钱比五星级餐厅赚到的钱都要多，美团2022年的营业收入达到2199亿元。

美团虽然没有餐厅，但通过平台让数百万的餐饮店老板为自己打工。只要餐饮店老板想突破地理位置，把食物卖给更多的消费者，就要向美团缴纳费用，入驻美团平台。而所有想要足不出户享受外卖美食的消费者，都会先上美团做选择。

从上面3个案例可以了解到，知名的企业多是平台模式的运用者，在其他企业还在钻研如何研发产品、寻找潜在客户、拓展收入来源的时候，这些企业已经完成商业模式的升级、转型，在商业世界里站到顶端往下俯瞰，成为引领者，成为不再需要日夜不停生产才能存活的企业。

# 睡后收入模式：躺着就把钱赚了

睡着的时候还有钱赚，这是多么美好的人生，你认为这是不可思议的梦想，人家却早已经实现。比如，让太阳发电，让流水发电，让大地结出的果实源源不断地赚钱。

从前有两座山，一座山上住着一休和尚，另一座山上住着二休和尚。山上没有水，每天一休与二休都要很辛苦地下山挑水，两人多次相见，成了好朋友。

某天，二休去挑水时发现一休没出现，他想，可能一休生病了。但自此一休都没有再去挑水，二休很担心朋友，决定去探望一休。

但他发现一休正在树下打太极拳。二休很惊讶地问："一休，为什么你没去挑水还有水喝？"

一休回答说："这3年来，我每天挑完水，都会利用零碎时间挖井。现在，我已经挖好了一口井，井水源源不绝地往外涌，以后我再也不用下山挑水了。我还能省下很多时间做我喜欢的事。"

从此一休不用再挑水，但二休还要忍受着酷暑寒冬里的恶劣天气，抱怨着挑水辛苦，继续下山挑水喝。

看看这个故事里的二休，是不是很像抱怨赚钱辛苦，但为了生存，一刻都不能停歇，因为一旦停止工作，收入就会没有的打工人。更像殚精竭虑、日日生产、日日研发，辛苦服务客户的企业家。再加上市场需求不断迭代，技术持续更新，所以有人提出"企业家要有5只眼睛"的理论，不仅要盯着客户，还要盯着内部、团队、国家、竞争对手的发展情况、整体趋势。

但这样累不累？

累，所以有很多企业家都说经商是个苦力活。

有没有一种方式能让自己成为一休，不用天天挑水，在大树下打太极也能有源源不断的水资源？

有。

美国作家哈吉斯写了一本《管道的故事》，教人们建造管道摆脱"提桶者"的命运。

谁是"提桶者"？谁是"建造管道者"？

哈吉斯指出，世界上99%的人都是"提桶者"。

"提桶者"的特征：部分人像二休一样，每天都不能休息，要通过持续的劳作，用时间与身体换取金钱，不提桶就没有收入，他们是朝九晚五的上班族；还有一部分企业家也是提桶者，同样通过时间换取金钱，一旦停止生产，不找客户，就没有订单、没有收入。所以，**"提桶者"的收入被哈吉斯称为"主动收入"**。

世界上只有1%的人是管道建造者，他们像一休一样不用天天挑水，挖好一口井就有源源不断的水资源。这里的"水资源"在工作上指不需要花费多少时间和精力，也不需要照看，就可以自动获得的收入，它也是获得财务自由和提前退休的必要前提，**所以被哈吉斯称为"被动收入"，在互联网上也被网友们称为"睡后收入"**。

有没有企业真的能做到睡后也有收入？

有，给你们讲讲我的一个学生的例子。

我在新加坡讲课的时候，一个学生非要用他的专机带着我飞到马来西亚看看他几万亩的榴莲树。我很好奇，问他怎么种那么多榴莲树。

他向我讲述了他的故事：他原本是美国一所著名大学计算机软件专业的

学生，2006 年毕业后就回到北京创业，2008 年正好遇到北京奥运会，本身他就毕业于计算机专业，做的软件稳定、可靠、好用，成为奥运会安检软件的开发商。

2008 年前后他通过服务奥运会项目赚到一些钱，也是在这一年他的父亲退休了，但他的父亲有活力，像年轻人一样有一颗创业的心，不愿意在家养老。但是，他的父亲手里没有那么多钱，所以向亲戚朋友借，他妈妈很无奈地给他打电话，希望他能劝劝老爷子，但老爷子不听劝，有想法，就要创业种榴莲树，没办法，那就种吧！

他的父亲种树创业，他在北京通过技术创业。他在 10 多年的时间里做了 6 个项目，全都失败了，他的父亲给他打电话问："创业创得怎么样呀？"

他说："我把赚的钱都快赔完了，连租房的钱都不多了。"

然后他就在他父亲的召唤下回家管理榴莲园，等他回到家看到几万亩的榴莲树时被震撼到了，茂盛的榴莲园就像个小森林一样。而且这些树的品种都是市场上产量稀缺、供不应求的猫山王，等榴莲成熟的时候，每天都有很多批发商，早早地等在果园门口。

他跟我说："名义上我是回去帮父亲管理榴莲园，但根本不用操心，也没有费什么劲，只要找工人把果子摘下来，给等在门口的批发商就行。而且这批果子收获完卖出去，榴莲树就在吸收大地和阳光的资源，积攒能量等合适的时候，再结下一次果。所以，哪怕我懒一点，即便花钱大手大脚，都不阻碍这些树结果，时时刻刻准备为我赚钱。"

这就是睡后收入，即便他在睡大觉，在外面疯狂花钱，他的榴莲树也会自动结出可以获取利润的果实。

但有人说："我没有这样一位具有先见之明的父亲，更没有条件种榴莲树，怎么才能实现睡后收入？"

下面是我整理的 5 个可以有睡后收入的方式。

### 1. 利用天然资源实现睡后收入

我有个学生带着我去看了他的几个小型水电站，他跟我说："路老师，你看只要水流过去，我就能赚到钱呀，哗啦啦的声音就是来钱的声音。"

水是天然资源，使用起来也不需要缴费，只要前期找人安装好水轮机，建设好水电站，水流一旦经过水轮机转动起来就会带动发电机发电，躺着就能收钱。

这也是很多人进入太阳能发电行业中的原因，只要太阳能出来，躺着睡觉都能靠阳光获取财富。

最重要的是，无论是水还是太阳，都是可再生资源，都不需要担心资源枯竭的问题。

**2. 通过收房租实现睡后收入**

收房租可以实现睡后收入是常识，但大部分的执行者都是把个人不住的房子租赁出去，很少有企业靠着房租致富。

你们说，麦当劳是餐饮公司，还是房地产公司？

答案是：麦当劳是房地产公司。2018 年，麦当劳的加盟费收入才 39 亿美元，但租金收入为 71 亿美元。麦当劳的创始人哈利·索恩直言："我们本质上不是做食品生意，我们在做地产。卖汉堡只因为租客（加盟商）可以卖它交房租。"

麦当劳的操作方法是，加盟商只要缴纳了高额加盟服务费就可以开店，但很多人对于之后的土地使用费和建筑费，存在支付困难。

麦当劳干脆在找到加盟商之前，总部先物色好最适合开店的地段，把麦当劳建起来，再把店面带招牌和设备整体转租出去，租期为 20～30 年，然后再加收约 20% 的租金转租给加盟商。后期会通过地块的升值情况以及店面的业绩不断调整租金，如果业绩好，租金也会涨。

**3. 通过专利费得到睡后收入**

作为全球最大的移动芯片供应商，高通拥有 3900 多个专利，拥有绝对的技术壁垒。手机制造商，要付芯片的钱及专利费；运营商既要采购手机厂商的定制机，还要采购设备厂商生产的设备，需要付两份专利许可费。

随着电子设备功能不断增加，配件越来越好，导致整机设备价格上涨，高通依然按照智能设备整体价格的 5% 收费。在乔布斯时代，苹果公司每卖出一台手机，都要向高通支付 7.5 美元专利费，苹果公司每年支付数十亿美元的专利费。

### 4. 通过 IP 获得睡后收入

提起迪士尼,很多人都知道唐老鸭、米老鼠、白雪公主、灰姑娘等知名动漫 IP。

但你知道迪士尼靠这些 IP 得到了什么吗?

2016 年,迪士尼的总营业额达到创纪录的 553 亿美元,超过中国互联网公司三巨头(百度、阿里巴巴、腾讯,简称 BAT)收入之和,最重要的是其中大部分来自 IP 的价值收入。迪士尼是怎么做到的?

目前,迪士尼在全球有 3000 多家 IP 授权商,销售超过 10 万种与迪士尼卡通形象有关的产品。授权生产的产品包括服饰、玩具、家居产品、个人用品、消费性电子产品。只要品牌商用迪士尼的 IP 形象,无论是用于生产、贴牌,还是品牌宣传,都需要付版权使用费。

仅一个米老鼠的形象就能为迪士尼带来巨额财富。在 2003 年,《福布斯》推出的"虚构形象富豪榜"就标出米老鼠是最能赚钱的"卡通富翁",价值58 亿美元,现在的价值应该更高。

### 5. 通过自媒体获得睡后收入

互联网时代,不乏有真本事又敢于展现自我的人,很多人都赚到了钱。只要能表达出利他性的价值观点,将知识录成视频放在网上,在视频里加入你要卖的产品或者你要宣传的品牌,只要内容有人看,在你睡着的时候也会有人转发你的视频,购买你视频里的物品。

所以站着赚钱的人,从事的是体力劳动;坐着赚钱的人,介乎体力与脑力劳动之间;但躺着赚钱的人,不用时时刻刻付出辛苦劳动就有收入,既轻松又愉快。

# 第三章
# 品牌的常识

  品牌是枪膛，产品是子弹，没有枪的子弹，发射不远。产品是火，品牌是风，没有风，火烧不旺。品牌源于产品，但高于产品，它是认知世界里消费者购买产品的指路明灯。

# 产品、商品、品牌的三级飞跃

把产品等同于商品，是商业经营里最大的误区，产品通过经营才能成为商品。同样，把商品等同于品牌，是另一个大的误区。商品只有升级为认知世界里的一面旗帜，才能完成向品牌的飞跃。

你知道什么是产品？什么是商品？什么是品牌吗？

举个例子：一个农民种稻谷，春种秋收，碾成大米，做成米饭，自己家人吃掉，这是产品。同样是这个农民，春种秋收，碾成大米，拿着大米去赶集，按照市场上的一般行情把米卖掉，换成钱，这是商品。

还是这个农民，承包了几十亩地，雇人种稻谷，春种秋收。不过，他种植的方法和别人不太一样，他用的都是有机肥，用鸭子在田里捉虫。他将碾出来的大米用麻布袋或者竹篓包装好，然后他说这些大米曾经是给清朝皇帝种植贡米的田地生产出的大米，每年只能限量出产。

于是他的大米卖出了一个好价钱，是普通大米的 5 倍之多。

产品卖出去之后，没过多久，有个人来退货，说是假的。这个农民一看，还真不是自己农田里出产的大米。那怎么办呢？他连夜设计了一个徽章，并且把这个徽章注册成商标，每袋米上都有这个徽章商标。他用这个徽章和别人的商品区隔开来，受到法律的承认和保护。

他的大米越卖越多，慕名而来的人们在市场上按照这个徽章寻找他的产品，经过口口相传，越来越多的人知道了他的大米，记得了他的徽章。

**能卖出溢价且在识别上与他人区隔，能让大家主动来找你的商品，这就是品牌！**

**在商业经营中，有一个经常被忽视的底层逻辑，那就是：商品＝产品，产品≠商品。**

很少有人讨论从产品到商品的本质性变化，他们认为一种产品被制造出来，再被卖出去是天经地义、自然而然的事情。

哪有卖不出去的产品呢？只要足够便宜就好了！但是，很有可能你花钱购买的原材料经过加工之后，会变成一堆垃圾，而无法成为商品！

那么，产品是怎样变成商品的呢？

假如，你置身在一个商场中，有人问你：这些商品存在吗？

你会肯定地回答"存在"，因为这些商品就呈现在你的面前，看得见、摸得着。

假如，有人指着电商平台上的照片问你：这些商品存在吗？

你会犹豫一下，接着会肯定地回答"存在"，因为这些商品以图片的形式呈现在你面前，你下单，商家就会发货。

产品从工厂里生产出来，其终极使命就是被它的消费者消费，并因此实现从产品到商品的蜕变。如果商品直到它的有效期穷尽，都未能与任何潜在的消费者见面，只是堆放在库房里，实际上，它不存在！

如果在某种条件下，被它的消费者感知到，它就存在。因此，商品存在与否，取决于是否被它的潜在消费者感知到！

产品从生产线上下来，进行了物质形态的转换，是客观存在。产品要想转变成商品，必须呈现在消费者的面前，它才能主观存在！

在经济学中，商品的定义是"用于交换的劳动产品"。随着经济的发展，许多自然资源以及非劳动产品也进入交换领域，更广义的商品是用于交换的使用价值。

所以，"产品"跨越成为"商品"，必须要完成"交换"！

那么，商品又是怎样变成品牌的呢？

我们应该如何理解品牌呢？

**品牌是给拥有者带来溢价、产生增值的一种无形的资产，它通过与其他竞争者区隔的名称、术语、故事、符号等组合使商品增值。**

品牌是你的产品或服务在客户心目中形成的有效认知，这个有效认知包括识别、信任，甚至信赖。品牌是源于产品，但又是高于产品的一种意识认知。

"商品"跨越成为"品牌"，有如下几个步骤。

第一步：建立区隔，要有一个独特的名字、一个独特的识别符号、一套不一样的包装。

第二步：塑造价值，挖掘独特的功能价值或情感价值，凝练成一句话。

第三步：渠道展示，在更多的货架或线上店铺向消费者展示你的产品。

第四步：传播强化，在力所能及的条件下通过媒体让更多的人知道你。

钻石的唯一元素就是碳，是世界上最不缺的元素。人造金刚石和钻石并没有什么区别，但是戴比尔斯公司却把钻石比喻成永恒的爱情，塑造成品牌，从此钻石的光芒掩盖了真金白银，钻石成为年轻女人憧憬的定情物之一。

可口可乐是一杯含糖饮料，通过100多年持续的传播，成为全世界饮料的第一品牌。在消费者认知中，可口可乐是快乐的符号，奥运会、春节……哪里有快乐，哪里就应该有可口可乐。

**产品的一生要完成从产品到商品、从商品到品牌的三级飞跃。**

当它从原辅材料变成"产品"，它具备了使用价值。只有"呈现"，只有"交换"，它才能从"产品"跃升成为"商品"。

无论外观、质量、功能多么好的"商品"，它只是"商品中，最好的商品"，只有成为"品牌"，它才能与其他"商品"有着本质上的不同。

你所制造的产物，究竟是产品、商品还是品牌？

你真的知道吗？

# 营销的世界没有真相，只有认知

为什么人们对大熊猫那么好？因为熊猫是国宝。为什么人们可以随意地杀猪？因为猪是餐桌上的肉食。它们的命运都由人类的认知决定，产品竞争的最高境界，是建立在有效的认知上，征服消费者的心智。

问你们一个问题？

为什么熊猫被大家认为是国宝，好吃好喝地供养着，想看一眼熊猫，还要先支付门票的费用，但猪只能出现在人们的餐桌上？

是因为熊猫比猪长得好看？还是因为熊猫生来就是"国宝"，猪生来就是一种食物？

牡丹为什么被誉为国花？和牡丹长得很相似的芍药却是无名之辈？

是它们自生长以来，就像人一样有身份证，可以自证身份吗？

不是。无论是熊猫，还是牡丹、芍药，它们的身份都是人类给的，人类认为它们是什么，它们就是什么！

**人类的"认知"决定对方"是什么"。**

什么是认知？

当你看到、听到或接触一个东西的时候，脑子里冒出来的想法，就是你关于该事物的认知。

但需要注意，由于人与人之间的年龄、经历、学识、家境不同，通常情况下，人们对一件相同的事物，认知会出现不同的情况，而认知的不同会造就同样的事情有完全不同的结果。

有一个故事：一位妈妈带着上小学的女儿逛街，回来后让女孩画了幅《陪妈妈逛街》的画。

妈妈看到女儿的画顿时懵了，画上没有车水马龙、高楼大厦，只有一根又一根奇怪的"柱子"。

妈妈端详半晌，才突然醒过神来，女儿画的是一条条人腿。

因为女儿年幼，个头矮，她被母亲牵着手走在街上，根本看不到成年人眼中的商厦和车流。她看到的只是无数条成年人的大腿，摆来摆去地遮住了她的视线。

**认知高度不同，就会看到不一样的世界，认知的高低决定事态的发展。**

有一个修行僧到某个寺庙修行，他问寺庙长老："地狱和天堂到底有什么区别？"

长老回答道："地狱和天堂看起来是一模一样的场所。"

地狱和天堂都有一口相同的大锅，里面煮着美味的面条。但想要吃到面条，就要用像晾衣竿一样长的筷子。

堕落到地狱里的人们叫嚷着："我先吃！我先吃！"他们抢到筷子争先恐后地围住锅，但筷子太长夹不住面条，他们就想抢走别人已经夹起的面条，于是相互争夺起来，结果面条撒了一地，谁都吃不到，这是地狱里的场景。

天堂的气氛却很和谐，人们围着大锅，用很长的筷子夹起面条送到对面人的嘴边说"您先请"，对面的人吃完后就会说"谢谢，这次轮到您吃了"，于是夹起面条送到对方嘴里。

天堂与地狱的条件相同、工具相同，却呈现完全不同的景象，只因为人们的认知不同。地狱里的人，认为如果不靠抢，就吃不到面条；天堂里的人，认为只要选择合作，想要达成的目标就可以轻松完成。这就是由不同的认知造就的不同的行为和结果。

如果把"认知"放到商业世界里，它有多重要呢？

消费者认为你好，就买你的产品；认为你不好，就买竞争对手的产品。

**只是在商业的世界里，不讲"认知的高低性"，讲的是消费者对品牌认知的强弱性。**

比如，人们想到花生油，就觉得鲁花的花生油质量好，这就是用户对鲁花的品牌优势有认知；反之，那些没有被用户选择的花生油品牌，就是用户对其无认知，会被消费者遗忘。

打造消费者对品牌的认知优势，是从什么时候开始的？

中国的消费市场有 3 个时期：第一个时期是生产产品，你生产什么，我就要什么；第二个时期开始进入竞争时代，产品的数量越来越多，人们开始追求稀缺性，所以人们注重产品的研发和创新，希望做到"人无我有，人有我优"，再通过各种促销手段售卖产品，出现越来越多的低价竞争，导致很多企业亏损；第三个时期是心智资源的占领时代，当产品的创新到了乏力阶段，即企业的模仿能力越来越强的时代，谁家的产品能在消费者的心中抢占一个最好的位置，建立强大的品牌认知，谁就可以赢得市场。

**品牌营销就是一场认知战，在消费者占据选择主动权的时候，建立强大认知优势的品牌就会如鱼得水；如果一个品牌无法在消费者心中抢占一席之地，就会走向灭亡。**

古代的皇帝总说"得民心者得天下"，商业的世界是"得消费者心智者得天下"。

有些企业家总认为自己的产品很优秀，只要把产品生产出来，就一定会卖得出去。但你自己认为你好和别人认为你好，这是两码事，只有别人认可你，才会选择与你建立关系，购买你的产品。

为什么可口可乐和百事可乐的口味差不多，从全球而言，可口可乐的销量能超过百事可乐？

提到可口可乐的时候，你会想到什么？

快乐。

这就是可口可乐为用户塑造的品牌形象认知，可口可乐的所有广告、海报都宣传"快乐文化"，认为不开心的时候喝可口可乐就能高兴起来，高兴的时候更应该喝可口可乐庆祝。

消费者的心智决定着消费决策，占据消费者心智，会让竞争变得如虎添翼。

怎样才能打造比较强的品牌认知？

（1）告诉受众"我是谁"，为你提供什么样的"服务"。

提到奔驰的时候，你会想到什么？驾驶的乐趣。

提到沃尔沃的时候，你会想到什么？安全。

从这里就可以明确地看出，选择奔驰的人群是追求驾驶快感的人，选择沃尔沃的人群是喜欢安全、追求平稳感觉的人。

你还能想到除奔驰代表"驾驶的乐趣"，沃尔沃代表"安全"之外，还有其他的汽车品牌和它们的理念相同吗？

没有，因为每个品牌都在想办法找一个和其他品牌不同的价值并将其传递给用户，希望塑造出不同的形象进而脱颖而出。

（2）要持续地传播，把品牌的认知刻进消费者的脑海里。一个品牌想抢占消费者的心智，不仅要体现不同，说出来它能提供什么样的服务，最重要的是还要靠着长时间的不懈投入，以积极的方式影响客户的信念。

奔驰和沃尔沃，即便不再做任何广告，想必消费者也知道这两个品牌是做什么的，但每年都可以看到它们的新广告，奔驰每年在中国投入的广告费可以高达10亿美元，其目的是什么？

目的是让消费者只要看到"驾驶乐趣""汽车安全"这样的词汇，就像条件反射一样，永远最快速地想起品牌是谁，能提供什么服务。也就是用关键词占据消费者的心智。

没有一个品牌长期不做广告还能影响消费者心智的，越是知名的品牌投入的广告费用越高，它们更希望在激烈的市场竞争中保住地位，在消费者的心中还存在。

**决定一个品牌命运的就是看有没有形成品牌认知优势，抢占消费者的心智。如果有能力占据消费者较好的心智阶梯位置，那么品牌力就强，产品也**

**就好卖。**

如果没有形成品牌认知优势，提到品牌，消费者都不知道是干什么的，更不会有耐心了解品牌。只有对消费者打造出一种固定的认知，才能抢占消费的入口。

# 五感营销：打造顶级品牌的着力点

> 如果让婴儿与妈妈分开，在看不清谁是妈妈的情况下，当陌生人抱起婴儿时，他会大哭，当妈妈抱起婴儿时，他会立刻停止哭泣，原因在于婴儿通过嗅觉、触觉、听觉等五感分辨出妈妈的特征。
>
> 那些全球顶级的品牌，通过五感设计出差异化特征，让用户最快地识别出自己是谁，如可口可乐瓶身的红色、百年不变的标志、开瓶时的冒汽声等。

有这样一个实验，如果把婴儿和妈妈分开，在婴儿无法看清谁是妈妈的情况下，让不同的妈妈来抱这个婴儿，婴儿就会哭闹，但只要是他的妈妈抱着他，他就会很安静。

如果让热恋期的情侣分开，让男孩蒙着眼睛通过触摸不同女孩的手，从而找出哪个是自己的女朋友，大多数男生都会找错。

为什么婴儿可以准确地知道哪个是自己的妈妈，但男朋友却找不到自己的女朋友？

（1）无论婴儿是母乳喂养，还是以牛奶喂养，他的母亲身上都有婴儿熟悉的味道，婴儿靠的是嗅觉记忆找到妈妈。

（2）婴儿最喜欢窝在妈妈的胸口，因为胸口是心脏跳动的位置，婴儿在妈妈肚子里，是听着妈妈心脏的跳动声长大的，所以婴儿还能依靠听觉记忆寻找妈妈。

（3）婴儿的手经常拍打妈妈的脸颊，扯妈妈的头发、耳朵，所以婴儿会通过触觉感受哪个是妈妈。

母子关系是世界上最紧密的关系。男朋友通过触摸手找不到自己的女朋友，是因为还没有形成记忆。

如果品牌与用户之间的关系，就像母子关系，你还会担心用户跑掉吗？

可是，假设你把用户的眼睛蒙上，他还能找到你吗？

这里先给大家讲"粉碎测试"，告诉大家，可以有多少方法让用户记住品牌，并建立像母子一样的紧密联系。

如果把你公司的品牌标志、包装盒、广告语、服务、产品气味、产品形状等都粉碎得干干净净，仅靠产品的一个小碎片放在用户的面前，你觉得用户还能知道你是谁吗？

有人会说，不可能，没有哪个品牌能做到。

但可口可乐把标志去掉，只给用户一个瓶子的小碎片，用户一眼就知道它是可口可乐。

因为可口可乐的红色已经成为经典，形成了"视觉记忆"。

如果蒙着消费者的眼睛，打开一瓶可口可乐，消费者还会知道它是谁，为什么？

可口可乐嗞嗞作响的声音，已经在用户的脑海里留下"听觉记忆"。

重新做一项测试，这次蒙上消费者的眼睛，让他喝已经被打开的饮料。

他却能分清哪个是可口可乐，哪个是百事可乐。

因为可口可乐的百年经典口味，早已形成"味觉记忆"。

曾经，可口可乐为了赶超百事可乐的营业额，研发出更甜口味的新产品，最终却被客户告上法庭，他们甚至在可口可乐的大楼前示威，要求只有一个：撤销新口味，保留"真货"，只要百年经典口味。

再来看苹果手机，经过粉碎流程，没有标志，没有包装，没有完整的产品形状，但用户还是能认出来它是谁。因为苹果手机的金属壳，不仅轻薄，触感更顺滑，完全和其他品牌触感差异化，这就是苹果为用户打造的"触觉记忆"。

大家对护手霜的认知，是不是感觉质地都差不多？但欧舒丹品牌也能通过"粉碎测试"。

欧舒丹是一个根植于普罗旺斯，具有香氛基因的品牌，所有的产品统一散发着甜甜的花香味，在用户的潜意识里形成"嗅觉记忆"，让用户闻后念念不忘。

美国品牌专家，马丁·林斯特龙认为一个品牌的传播，不仅要靠标志和广告语，其实消费者所接触到的所有感官都可以传播品牌，如视觉、听觉、嗅觉、味觉、触觉，应用在营销中，我们称它们为品牌五感（图3-1）。

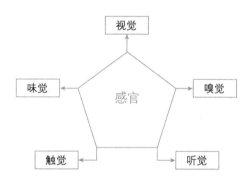

**图3-1 品牌五感**

（1）品牌五感中的视觉是什么？品牌五感中的视觉包括品牌标志、引领色、辅助色、产品包装、造型、宣传海报、视频等，可以让品牌更具象化。

在五感之中，视觉对事物的感受程度最高，人类80%的信息记忆源自视觉。视觉是消费者第一印象的来源，没有出色的第一印象，就无法让人过目不忘。

（2）品牌五感中的听觉是什么？品牌五感中的听觉包括广告语、背景音乐、提示音等，可以让品牌具有态度，从而影响人们的消费行为，塑造品牌的气质，打造记忆符号。

研究表明，节奏越缓慢的音乐，越容易吸引人们进行消费，慢音乐比快音乐的酒吧要多赚29%。

世界上90%的沟通以声音的方式进行，就像京东的语音声，拼多多的"拼多多，拼多多，我和你，拼多多……"，说着说着都想哼唱，这就是声音品牌化的重要性。

（3）品牌五感中的嗅觉是什么？品牌五感中的嗅觉指各种各样的气味，如香味、臭味等，可以调动用户的情绪记忆。

人类的鼻子能区分1万亿种气味。

有的企业已经开始在商场，利用传味器播放特意为品牌调制的某种气味，业绩最高可提升40%。

马丁·林斯特龙曾经做过这样的实验：把同样的耐克鞋分别放在一间喷洒过香水，另一间未喷洒过香水的屋子。同等数量的客户分为两组，分别进入两个房间，他们给出的评测结果让人吃惊。

在喷洒过香水的房间里看到耐克鞋的客户中，喜欢耐克鞋的客户比例高达84%，高于未喷洒过香水的房间里的客户人数。

客户对放在喷洒过香水房间的耐克鞋，价格估算高出10.88美元。

《神经元》杂志曾发表研究报告称，在所有的感官记忆中，人对气味的准确回忆率在一年后仍能达到65%，更容易形成记忆符号。

（4）品牌五感中的味觉是什么？品牌五感中的味觉是口感、味道、酸甜苦辣等，味觉营销适用于餐饮或食品类企业，可以增强用户对品牌的记忆。

肯德基用最美味的炸鸡，形成用户的味觉记忆；麦当劳靠的则是美味的薯条。

一个餐厅，20%的菜品会承担80%的营业额。

（5）品牌五感中的触觉是什么？品牌五感中的触觉是人体感受到的重量、材质、面料、温度等，可以决定用户感受到的品牌品质。

服饰是最简单的例子，同等价格下，一定是摸起来手感更好的衣服，更容易受到青睐。

全球顶级的品牌，取得成功大都有"五感"的功劳。品牌如何学会操控"五感"，让用户对品牌形成深刻的记忆，即便通过粉碎测试后，依然能认出品牌？

下面给大家讲一个为数不多，将"五感营销"融为一体的品牌——星巴克。

### 一、星巴克的视觉营销

如果给你一张被圈在绿色圆里，波浪卷发、戴皇冠的美女图片，你知道它是谁吗？

这就是星巴克，通过品牌标志的颜色、图案，形成强烈的、差异化的视觉记忆符号。

### 二、星巴克的嗅觉营销

以前，国家还未出台室内不能吸烟的条例时，你见过有人在星巴克吸烟吗？

没有。因为星巴克不允许，它要通过用纯正的咖啡香，打造消费者脑海中挥之不去的嗅觉符号，为此星巴克做出以下规定。

（1）所有员工和消费者都不得在店内吸烟。

（2）禁售任何带有气味的热食，蛋糕也须是冷藏品，毫无新鲜烘焙的香味。

（3）店员都不得使用香水，卫生间不准使用任何芳香剂。

（4）不使用添加任何化学香精的咖啡豆。

### 三、星巴克的触觉营销

从消费者推开星巴克门的那一刻起，触碰到的门框是木制，地板是木制，凳子是木制，咖啡展台是木制，食品托盘也是木制，菜单也是木制手感，甚至有些门店的外观设计都是原木的组合。

为什么都是木制？

因为木材拥有粗滑、冷暖、软硬 3 个方面的触觉特性。

太滑和太糙的材料表面，都不能给人以良好的触感，但木材的摩擦系数适度，木质地板的步行感最佳。

外界温度对木材的影响最小，一年四季，实木都能给人以适当的冷暖感，触碰起来不似金属的强硬，也不似塑料的柔软，软硬程度最舒适。

### 四、星巴克的味觉营销

星巴克的每一款咖啡都有独特的味道。

这不仅源于星巴克对咖啡豆的挑剔和对烘焙技艺的精益求精。还源于星巴克的咖啡专家会评测咖啡豆，确保风味符合星巴克的标准。

为了保留每种咖啡豆的香气，每种咖啡豆都要单独烘焙；为了挥发每种咖啡豆的醇香、苦涩和酸味，星巴克甚至开发出控制烘焙过程的专用软件；由于制作时只用过滤后的纯净水，所以星巴克的咖啡味道，一直被用户说好喝、香浓顺滑。

### 五、分析星巴克的听觉营销

星巴克的店面中除了咖啡机和手磨咖啡的声音，店面播放的音乐都与专业音乐公司合作，古典乐、钢琴曲塑造了品牌的优雅形象，很多消费者还在网上咨询星巴克的音乐歌单，足以说明听觉营销的重要性。

看完星巴克的"五感营销"，你有什么感悟？

五感中的每一"感"，都蕴含着品牌塑造差异化认知和独特个性的机遇。

品牌越是清晰地意识到这一点，就越有机会采取这类方式与用户展开互动。

有的品牌可能已经在偶然间应用了一个"感官营销"，但由于不理解它的重要性，只是草草了事，并未形成组合拳，也未进行坚持性的传播。

有人做过一组实验，证明视觉与听觉的综合刺激，是"2 + 2 = 5"的效果。

**如果只是视觉刺激，3 小时后信息记忆率是 72％，3 天后还剩 20％；如果只是听觉刺激，3 小时后信息记忆率是 72％，3 天后只剩 10％；假如是视觉和听觉结合的刺激，3 小时后信息记忆率可达到 85％，而 3 天后依然能高达 65％。**

所以要注意，"五感"并非各自为战，在用户所处的场景和注意力总是碎片化的情况下，接触到的信息也是碎片化的。想吊足用户的胃口，尽量以组合拳的方式出现，才能形成更强化的记忆。

# 品牌背书，为什么信你？

　　不能赢得消费者信任的不叫品牌，背书是解决"你为什么厉害"、能不能被信赖、品牌值不值钱的问题。有品牌背书的企业，相当于有权威的第三方为你做担保；没有做品牌背书的企业，做广告都像"王婆卖瓜，自卖自夸"。

你的品牌值多少钱，你知道吗？

几万元？几十万元？或者几亿元？

如果，你的品牌价值并不高，可能你忽视了一件事。

品牌背书！

因为，没有背书的品牌不值钱！

品牌背书是什么？

从学术上讲，品牌背书是指某一个品牌要素以某种方式出现在包装或产品上。

比如，你卖保健品，你的产品获得了美国食品药品管理局（Food and Drug Administration，FDA）认证，你把 FDA 的标志印在你的包装上，那就是 FDA 在帮你做品牌背书。

比如，你卖矿泉水，你赞助了中国航天事业。你在包装的背面写上

"2023年中国航天员指定用水"，那就是中国航天的影响力在帮你做品牌背书。

再比如，我们团队服务过的品牌——东鹏瓷砖，2010年签约冬奥会冠军申雪、赵宏博为品牌形象代言人，这就是利用冠军的影响力做品牌背书。

2021年，第24届冬奥会组织委员会正式宣布东鹏瓷砖成为北京2022年冬奥会和冬残奥会官方瓷砖供应商，东鹏瓷砖的宣传海报上写着"北京2022年冬奥会官方瓷砖供应商"，这是利用奥运会的影响力做品牌背书。

说到这里就可以看出来，品牌背书不同于品牌的直接宣传，它必须是"另一种力量的支撑作用"。

这就像一个人，自己说自己行，大家都将信将疑。

凭什么是你？

凭什么你厉害？

凭什么信任你？

凭什么值那么多钱？

**如果这个时候有个第三方，很客观地说："他真的很棒！"这就解决了"凭什么"的问题，大家就更容易相信。**

这就是品牌背书的力量！

那么，这种品牌塑造的方法为什么一定叫品牌背书呢？

背书，这个词来自金融行业。

最初，背书是票据权力转移的一种方式。通俗点讲，我想用支票付钱给你，我在支票背面写上字、盖上章，支付的过程就生效了。"背书"因此具备了两个基本的特点，**一个是"价值"，一个是"证明"。**

**所以，"品牌背书"本质上就是"品牌价值的证明"！**

比如，一个品牌在中央电视台投放广告，在产品纸箱上写着"央视上榜品牌"，那么中央电视台的公信力就转移到了品牌身上，这就是中央电视台对品牌价值的证明。

比如，一家生产企业通过德国莱茵公司做的认证，在产品上标记"通过德国莱茵公司认证"就会让人觉得很可靠。因为莱茵公司是全球领先的检测、认证机构，拥有150年的历史，而且以严苛著称。这个标记是莱茵公司用百年商誉对品牌价值的证明。

比如，一个新品牌白酒使用了五粮液的基酒，在盒子的背面写上"基酒源自五粮液"，这相当于五粮液用自己的实力给这瓶酒的价值做了证明。

比如，一个电烤箱参加了美国工业设计优秀奖（international design excellence awards，IDEA）评选，获得了第一名，在商品包装上印上"荣获美国IDEA大赛一等奖"，这相当于大赛用它的知名度为电烤箱产品的设计价值做了证明。

比如，一个茶叶品牌请来8位顶级制茶大师作为产品的工艺品控专家，8个人像出现在茶叶盒子里的小册子上，这相当于专家的行业影响力转移到了品牌身上，这是专家用行业履历为品牌价值做证明。

可能有人会问：这些例子好像都是权威的机构、媒体、专家在为普通的品牌做背书。那么，像可口可乐这样的顶级品牌又找谁去做"背书"或"价值证明"呢？

仔细研究，可口可乐的品牌背书行动可不少。

它与麦当劳合作，与麦当劳互为背书，品牌力量"1＋1＞2"。

它赞助奥运会，将顶级体育赛事的影响力转化为自身的品牌力量。

它赞助世界杯，将足球爱好者对足球的激情转化为对品牌的激情。

它与英雄联盟跨界互动，将年轻人对顶级游戏的热爱据为己有。

品牌价值测评机构从品牌获利能力、品牌综合能力（品牌综合能力包括市场占有率、品牌保护情况、品牌支持情况、品牌市场特性、品牌趋势感、品牌的国际化力量、品牌寿命等）两个大的方面给可口可乐估值，可口可乐的品牌价值为550亿美元。**而品牌背书是其价值的重要因素之一。**

# 兜售价值观，是品牌世界的"珠峰"

> 小企业营销的目的是兜售产品，大企业是兜售价值，顶级企业是兜售价值观。价值观是人类世界不可多得、具有稀缺性、无限定价的商品，这就是香奈儿、圣罗兰、马斯克兜售的东西。

同样都是水，有人卖"27 层净化"工艺，有人卖"大自然"的纯天然，有人卖"开水"这个生活习惯，它们都是在卖产品本身。

有人却把水卖成了价值观："live young"（活出年轻）。什么意思？喝了我的水，你会充满活力，青春永驻。一瓶水卖出了时尚，卖出了价值观，卖出了 20 元这一远远高于普通水的价格。

**普通的企业卖产品，卓越的企业卖价值观。**

什么是价值观？

**价值观是判断事物、辨别是非——什么是正确、什么是错误的价值取向。**

当普通品牌卖女士普通服装时，香奈儿却横空出世，它推出了什么？

香奈儿曾说："我想为女士们设计舒适的衣服，即使在驾车时，依然能保持独特的女性韵味。"

它说："每个女人都需要一件小黑裙。"

于是，香奈儿用剪刀把黑色变成一种优雅、革新和勇气。过去，黑色代表哀悼，用于出席葬礼及国家重大仪式。1926 年，香奈儿无视这些"陈规旧律"，大胆地把黑色带进时尚界，重新定义黑色。它设计出气质优雅、线条极简的小黑裙，迅速风靡时尚圈，从此成为经典。

小黑裙传达什么样的价值观？

传达女性独立自主的价值观。小黑裙被誉为"现代女性的新制服"。衣袖修长合体、高领线剪裁、绉纱质地、恰至膝盖的长度，没有衣领、没有纽扣、没有刺绣。它彰显女人的自信独立，鼓励女人果断、勇敢，跳出世俗的一切禁锢，成为女性解放的象征。

小黑裙成功地塑造了亦刚亦柔的独特女性气质。直到今天，香奈儿的小黑裙，依然是全球女性梦寐以求的选择。

继香奈儿小黑裙解放了女性之后，圣罗兰吸烟装的出现，让女性有了力量。

圣罗兰在 1966 年，大胆地开创中性风格，设计了第一件女性吸烟装。吸烟装具有标志性垫肩设计，吸烟装以修长西服、燕尾服、加长紧身铅笔裤为主要特点，整体呈现宛如一支纤长香烟的 I 形轮廓。

圣罗兰的吸烟装，传达出什么样的价值观呢？它的出现，意味着女权主义的崛起，让更多的女性有意识和力量去和当时的男权社会做抗争。

直到今天，吸烟装依然是很多女性用来提升自己气场和武装自己力量的代名词。

香奈儿"解放女性"束缚，让女性像男人一样自由。

圣罗兰赋予女性有男人般的力量，像男性一样坚强。

两个品牌的成功，正是女权意识形态的崛起和抗争，代表女性独立自由的价值观。

价值观对于企业来说，意味着什么？

乔布斯说："对我来说，营销讲的是价值观。"

他说："我们要非常清楚——我们想让人们铭记我们什么，并非常清楚地把它传达出来。"

当乔布斯认为世界上其他产品都是垃圾时，他赋予苹果公司的价值观是改变世界。

当时，面对国际商业机器公司（International Business Machines，IBM）强势巨头的广告口号"think IBM！"苹果提出"think different"，非同凡"想"的价值观，发起对 IBM 的挑战。

乔布斯说："我们要赞美能'think different'的人。这是苹果公司做的事，它触及了苹果公司的灵魂。苹果公司的核心价值观在于，我们坚信有激情的人能让这个世界变得更美好。""只有那些疯狂到以为自己能够改变世界的人，才能真正改变世界。"

产品营销的最高境界，就是兜售价值观，将某种鲜明的价值观灌注到产品中，让具有同样价值观的人们，认同产品传达的价值观，从而产生购买行为。

## 左右脑营销，你要搞定用户的哪个"脑"？

一对夫妻吵架，男人滔滔不绝地讲道理，用的是左脑，即理性思维；女人口口声声问"你爱不爱我"，用的是右脑，即感性思维。品牌营销和男女吵架一样，都理性，会很枯燥；都感性，又会让人毫无头绪。真正厉害的品牌营销方式是"理性+感性"，双管齐下，攻下消费者的"钱包"。

媳妇问晚归的老公："这么晚回来，你去干吗了？"

这个时候，男人都会犹豫一下再回答。

他回答的时候，眼睛是往左上方看是撒谎，还是往右上方看是撒谎？

国外研究发现，一个人在回答问题时，若眼睛往左上方看，说的是真话；若眼睛往右上方看，是在编造故事，即撒谎。

原因在于，**左脑是语言和逻辑推理的大脑，擅长思考、统计、分析数字，表达的内容都是深思熟虑的结果，属于理性思维。右脑是由潜意识运作的大脑，注重心理与精神感受，在知觉和想象力、音乐、绘画方面比较强，属于感性思维。**

男人是理性动物，女人是感性动物。

因为男人吵架的时候会摆事实讲道理，而女人更注重感觉，吵着吵着就变成了："你究竟爱不爱我?"

大脑的两侧半球在功能上的显著不同，是诺贝尔生理学和医学奖得主斯佩里博士通过大量裂脑人实验得出的结论。

斯佩里认为，左脑和右脑虽有"分工"，但也有"合作"，正常人的心理活动，是左脑和右脑分工合作的结果。但对于生活中的我们，作为企业负责人，是擅长用左脑思考，还是擅长用右脑思考，会有不同的优势和劣势，也会呈现不同的结果。

企业做营销，左脑思考的优势是：**左脑营销者，对于品牌一般会从产品利益层面出发，告诉用户自家产品与其他产品的不同点，靠功能属性打动用户。**

宝洁就是典型的左脑营销法：海飞丝洗发水告诉用户，它的作用是去屑；飘柔的主要作用是柔顺头发；潘婷的作用是养护头发。

鲁花花生油一直宣传 5S 物理压榨，公牛宣传安全插座，这都是左脑营销，因为没有人拿食品安全、人身安全开玩笑。

左脑营销可以影响用户的心智决策，对于未饱和的市场，在抢占用户心理认知时，更有作用。

企业做营销，左脑思考的劣势是：**虽然利益点对于用户而言，是简单明了满足需求的方式，但在品牌、产品同质化越来越严重，传播费用越来越高的时代，大多数品牌已经无法通过少量的传播，超过或打破巨头在用户心中的形象认知。**

因为左脑对品牌的记忆是有排序的：第一个进入的品牌将排在最前面，成为消费者决策、购买的首要考虑；第二个将成为次选；第三个、第四个……将有序地排在更次要的位置。

企业做营销，右脑思考的优势是：**右脑营销者，对于品牌的描述更像是在营造一种氛围，用一个打动人心的故事、好看的产品设计、有趣的营销方式等触动消费者，引起情感的共鸣，与之建立心理层面上的亲密关系，从而让用户不再只是根据产品功能估价，而是非理智的，即便对超出产品本身价格的产品，也会快速下单。**

就像哈根达斯，你们真的觉得它很好吃吗？

有客户认为，它的口味并没有比其他品牌更令人印象深刻。

但2019年，一份高达百元的哈根达斯，年营收达到17.89亿美元。

人们买的并不是哈根达斯的味道、成分，而是"爱她，就请她吃哈根达斯"。

是哈根达斯塑造了一种浪漫约会应该有的仪式感。

企业做营销，右脑思考的劣势是：**右脑营销最看重创意，要有超出用户预期的方式。因此，右脑营销一定是洞察消费者深层次需求后再出发，对运营人员的能力有要求。**

你们是想通过理性搞定客户的左脑，还是通过感性搞定客户的右脑呢？

过去的市场，一般呈现金字塔型，是一种穷人占绝大多数、富人占少数的情况，是贫富差距较大的社会结构。

现在是橄榄球型市场，"两头小，中间大"的似球状体，它所表明的是社会阶层结构中，极富或极穷的"两极"缩小，中间阶层相当庞大，如图3-2所示。

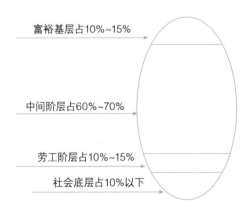

富裕基层占10%~15%

中间阶层占60%~70%

劳工阶层占10%~15%

社会底层占10%以下

**图3-2  橄榄球型市场**

在客户的消费能力提升时，你们有没有发现，曾经代表"物美价廉"的品牌慢慢没落，而正在强势崛起的品牌，其产品并非真正优质，但即便昂贵，由于它代表着某方面的情感，或者传递了一种价值，也会被客户选择。

就像LV曾经售卖的一件15500元的衬衫，虽然它的面料一碰水就发黄，这等于下雨天不能穿，穿后也不能用水洗，被网友们称为一次性产品，但依然被热捧。

就像星巴克 2020 年推出的粉红色猫爪杯，双层玻璃的设计，外加樱花点缀，内部有一只软萌可爱的猫爪，就这样一个低成本的杯子，官方售价 199元，很多市民为了买到杯子，不惜熬夜排长队，最后这款杯子的价格甚至被炒到近 2000 元。

什么衬衫不能多次穿？什么杯子不能装水？

但消费者为什么一定要买 LV，一定要买星巴克的猫爪杯？

因为 LV 代表身份；猫爪杯的高颜值具有"社交属性"，能满足年轻人的分享需求。

客户的消费心理可以分为 3 个阶段：理性消费、感性消费和情感消费。

斯佩里博士认为，右脑记忆是左脑记忆的 100 万倍，所以应该用右脑营销搞定客户。那么在企业中，右脑营销可以体现在哪些方面？企业如何为用户提供"右脑营销式的产品或服务"来征服消费者？

**一、打动人心的故事是右脑营销**

褚时健卖橙子、潘石屹卖苹果、柳传志卖猕猴桃，为什么只有"褚橙"卖得好？难道"柳桃"和"潘苹果"的品质不行？

不是。

因为褚时健的身上满载故事。他是红塔集团的前董事长，因为经济问题被判刑，直到 74 岁因为糖尿病，在医生的建议下被批准保外就医时，向朋友借 1000 万元，在哀牢山做起了果农。

2012 年，"褚橙"的利润突破 1 亿元。褚时健为自己正名，离开国企，即便高龄，靠自己也能东山再起。

"褚橙"在客户的右脑里产生共鸣，褚时健用一生奋斗的精神感动消费者，使"褚橙"变成"励志"的代名词，但潘石屹和柳传志都未能与客户产生精神共鸣。

**二、好看的产品设计是右脑营销**

如果说起这几年靠着造型火爆的产品，一定要聊聊戴森。

有人说戴森的火爆，是因为它的黑科技，但你们真的能感受到用戴森吹头发，能闭合毛鳞片，让头发更加柔顺与服帖吗？

没有几个人在社交媒体自发宣传戴森的时候传播它的理性价值；大家宣传的是戴森的颜值，网民说戴森的中空设计、时尚的潮流色、小巧精致的造型，简直就是吹风机界的颜值天花板，放在女性的梳妆台上不违和。

即便用户没有宣传过戴森的功能性价值，甚至有人说它的黑科技就是智商税，但它仅靠独一无二的造型，在不同平台的售价就达 2000～3000 元，曾经 10 分钟，线上就卖出 2 万多台。

**三、有趣的销售方式是右脑营销**

盲盒，出现最早的代表品牌是泡泡玛特，在 2021 年，它的销售额达到44.9 亿元时，有越来越多的企业感受到"盲盒"的魅力。

无论是首饰，还是锅具，抑或是杯子、化妆品等，皆以 28.3 元 40 个、10 元每斤等盲盒的方式出现，并被消费者疯抢。

而这些盲盒里的产品，都低于其所宣传的价值。

你以为可能会收到名牌护肤品或手机，实际上，盲盒里大多数是商家自行包装的餐巾纸、头绳等廉价物品，有些产品的批发价不过几毛钱甚至几分钱，或者是商家库存。但浏览各大电商平台发现，不少店铺的月销量都能过千，销量好的时候，一个月能卖出上万件。

但用户就是容易被"开未知产品的刺激感引导"，从而购买实际价值低的产品。

**四、感性的传播方式是右脑营销**

在一些欢庆的节日，你们喜欢买什么饮料？

可口可乐。

为什么？

因为可口可乐在中国的传播内容，是告诉用户，"过节，就要带我回家"。

可口可乐一直在营造一个团圆、欢乐、祥和的家庭氛围，它传递给消费者的是亲情、团聚这些人们内心最深处的情感。

从案例的分析来看，客户并不是理智的。就像很多女孩买衣服，如果你问她为什么要买这件衣服？

因为好。

为什么好？

我喜欢呀。

这还是感觉。

所以客户的消费大多数喜欢靠右脑决策，企业要注意，产品的打造、销售、宣传方式尽量以右脑为主，用感性驱动理性，让感觉驱动价值，让消费者形成品牌上的情感依赖，从而打造品牌忠诚度。

但不可避免的是，左脑、右脑是共同工作，一个品牌在初创期，尽量以左脑为主、右脑为辅，需要让客户认识你的品牌功能和利益，再加以感性价值驱动理性。

# 品牌是如何给消费者洗脑的?

塑造品牌的诀窍是制造幻想。人类与动物最大的区别,是人类有丰富的幻想,这些幻想需要借助看得见的物品给人们带来安慰,钻石是代表"爱情恒久远"的幻想,耐克给客户制造了"一切皆有可能"的幻想。顶级品牌运作的三部曲,是制造幻想、口号断言、重金重复。

你敢不敢挑战一项活动:在接下来 6 个月的时间里,无论买什么,都不买有品牌的产品,也不用已有品牌的产品。

如果你做过这项实验,你会得到答案:这是不可能的事。

如果你没有做过这项实验,你只要想想现在已拥有的产品,就会觉得:这不可能。

全球首席品牌营销大师马丁·林斯特龙做过这项实验,最后以控制不住自己,想买入眼的所有品牌而失败。

无论是营销大师,还是普通消费者,都逃不出"品牌"的手掌心。在商场、超市里,入眼的产品皆是品牌。我们请人吃饭的时候会问:"你是喜欢吃海底捞,还是喜欢吃全聚德?"

请朋友喝奶茶的时候会问:"你是喜欢喜茶,还是喜欢 CoCo?"

看见朋友的衣服很好看，也会问："这是什么牌子的？"

品牌无处不在，但不是每个品牌都能把陌生的客户变成自己人，所以要用品牌洗脑的方式达成目的。

什么是品牌洗脑？

**按照马丁的解释，品牌洗脑是品牌通过各种手段，利用各种方式，让你的身体和心理上对它们的产品上瘾，甚至重写你的大脑，改变你的观念，让你买下它们的东西。**

### 1. 品牌洗脑的本质是制造幻想

宝洁是这方面的营销高手。

为什么女士都喜欢买飘柔？男士都喜欢买清扬？

因为飘柔告诉每一个女性，用了它的洗发水以后，你的头发就会变得柔顺光滑，在人群中很出众；清扬告诉每一个男性，用了它的洗发水以后，你的头发就会根根分明，不黏腻，也没有头皮屑，你在你喜欢的女生面前会更有自信。这就是为你制造一种用完产品后"我更好"的幻想。

为什么化妆品、护肤品卖得都很好？

因为所有的广告和销售员都会告诉你，如果你用了他们的产品，就会变得更加年轻，皮肤不仅紧致，还更白皙，就连你脸上的斑都能被去掉……这是为你制造了一种"重新拥有少女容貌"的幻想。

宝马受到很多人的喜欢，也是因为它制造了一种幻想。

宝马告诉客户，如果你开的是宝马汽车，你将会拥有前所未有的驾驶乐趣，所以客户们觉得买了宝马汽车就会感受到畅快的驾驶感。

### 2. 采用口号断言的方式

人都很懒，能不动脑就不动脑，最喜欢别人能给自己安排好一切，而自己只需要跟着指示做就好。

但怎么样客户才会信，你的安排是适合他的，也是最好的？

**断言就是用口号的形式，对某件事给出一种主观性非常强的言论，让人不容置疑。**

你们有没有听过广告语"今年过节不收礼，收礼就收脑白金"？

曾经有人认为这句话很俗，但这句断言式的广告语，让脑白金成为保健品中生命力旺盛的品牌之一。

试问你自己：在送礼不知道送什么的时候，脑海里会不会突然出现脑白金的广告语？

还有我们团队给公牛写的广告语"公牛安全插座，保护电器，保护人"；给鲁花写的广告语"中国味，鲁花香"（图3-3）。这些都是断言式广告语，用斩钉截铁的方式，让客户听了深信不疑。

图3-3 鲁花广告语

### 3. 采用重金重复的方式

茅台、五粮液算不算知名品牌？

算。

但你知道它们作为知名品牌，每年在品牌宣传方面的费用是多少吗？

2020年，贵州茅台的广告投放费用为8.4亿元。自2002年开始，茅台就投放央视新闻联播广告，在新闻联播阵地坚持十几年，"国酒茅台，民族精品，为您报时"，这句广告语经过多年传播，已经家喻户晓，树立起"国酒茅台"的形象。

五粮液在2021年的形象宣传费高达6.88亿元，无论是电视、广播、网络，还是户外广告、展会，都有五粮液的身影。

可口可乐约 10.78% 的收入花在广告上，2015—2019 年，平均每年的广告支出维持在 40 亿美元左右。

为什么即便是像可口可乐这样的世界品牌，也要用重金一直投放广告？

即便是再知名的品牌，如果长期不宣传，"不出现就等于不存在"，新品牌就会抢占用户的认知，市场额度就会被竞争对手夺取，新品牌就会覆盖老品牌在用户心中的形象，并最终替代曾经的知名品牌。

广告，从短期看是为了提升产品的销量，从长期看，大量的传播还可以建立与消费者的情感联结，给消费者产生一种"陪伴感"。比如，可口可乐的广告，在各个节日从来都没有缺席过，所以也打造出一种"过节，就要有可口可乐"的认知。

**品牌洗脑就是营销者用一种消费者能接受的方式，把品牌植入消费者的脑海中。**

## 品牌矩阵，获取更多的市场份额

> 一个企业用多个品牌结成一张大网，网络尽可能多且不同的目标人群，这就是宝洁、可口可乐、雀巢等企业共同采用的、鲜为人知的策略。

以前，我们读武侠小说的时候，会发现很多小说都会使用一个矛盾冲突，那就是"争夺武林盟主"！"武林盟主"这个位置那么重要吗？以至于在武侠的世界里掀起腥风血雨，有的大侠为此出卖亲人、好友，有的大侠甚至为此付出生命，真的有必要吗？

金庸的《倚天屠龙记》中这么说："武林至尊，宝刀屠龙，号令天下，莫敢不从！"原来武林盟主可以号令天下武林人士，也就是说，一旦获得"武林盟主"这个位置，就掌握了所有的江湖侠客资源，就形成了对这种资源的垄断。

我们看欧美、中国香港早期的黑帮电影，除了看"暴力美学"之外，经常会在电影里听到"地盘""场子""堂口"这些黑话，电影里激起黑帮火拼的浅层矛盾往往是人与人的矛盾，深层矛盾总是离不开与"地盘"相关的矛盾，黑帮为什么一定要打打杀杀抢"地盘"呢？因为"地盘"就是那些可以"做生意"的街区，是可以获得非法收入的场所，是其维持生存的资源获取地，也就是说，"'地盘'等于收入、'地盘'等于活路"！"地盘"被抢走了，就没了活路，抢到了别人的"地盘"就能过最好的日子，所以黑帮永远追求对"地盘"的垄断。

在电视剧《我们的年代》中，刘烨饰演的角色迫切需要赚钱，与"收破烂"的闲散人员发生冲突被拘留之后，他在拘留所想明白的问题居然是在"收破烂"行业追求垄断！

西汉时期的汉武帝垄断了盐、铁专卖权，增强了国力，才有实力与匈奴一战，打造了一个强盛的历史时期，留下了那句"犯我强汉者，虽远必诛"的豪言壮语。

19世纪70年代，第二次工业革命带来了新变化，大企业凭借资本的优势不断挤压小型企业。标准石油公司这样的巨型垄断企业的出现，导致1890年，美国国会制定了第一部反对垄断的法案《谢尔曼反托拉斯法》。但即便如此，今天的美孚石油，依然是世界上最大的非政府石油天然气生产商，年销售约2800万吨化石类产品，2020年营收达到2649亿美元。

从《谢尔曼反托拉斯法》开始，至今已经有100多个国家通过了反垄断法。

但是，作为商业竞争中拥有"定价权""支配权"的唯一途径，今天仍有许多企业在不同的领域以不同的方式追求垄断效应，也就是事实垄断。

比如，当我们享受德芙、士力架的美味时，你是否知道这些品牌都隶属于玛氏集团？玛氏集团用品牌矩阵的方式形成了在巧克力糖果领域的事实垄断。

如果，你养有一只小猫或者宠物狗，你去买猫粮或狗粮时，会发现最好的选择就是"宝路""皇家""伟嘉"等品牌，而这是玛氏集团在宠物食品领域用品牌矩阵的方式形成的垄断。

当我们听到波尔多享誉世界的拉菲红酒以及那所拉菲古堡时，当我们听说有一个隐秘、神奇的罗斯柴尔德家族时，罗斯柴尔德已经用"红酒产区"的概念形成事实垄断150多年。

当我们对价格一路飙升的茅台酱香酒赞不绝口时，7.5平方千米核心产品的概念也对优质酱香白酒进行了事实垄断。

　　某企业针对婴儿睡眠开发出抑菌、清凉的苎麻枕，因为它率先使用苎麻为原料制作枕头，迅速地扩大品牌宣传，把品牌与品类对接，形成对"苎麻枕"和"苎麻资源"的事实垄断。

　　香河家具城从香河家具之乡升级为香河家具城，再升级为香河家具之都，最终升级为北方家具之都，这也是将地理区位作为一种资源进行的事实垄断。

　　打车用什么软件？买东西用哪个平台？交友用哪个工具？这些成功的企业，实现了对消费者认知的垄断。

　　**"垄断"是商业世界中至高无上的权力！**

　　这里的垄断不是法律意义上的垄断，这是营销智慧、品牌智慧，是通过"品牌"与"认知"建立的事实上的垄断。

# 第四章
## 策略的常识

策略是通往目标的路径，
好的路径一定是建立在优势凸显与竞争互补上的。

# 建立竞争优势：一块长板捅破天

老虎在飞翔方面如何努力也无法超越鸟，有些优势是生来就有的，不是努力获得的。所有的成功都是建立在自己的竞争优势上的，所以企业一定要将所有的资源、能力聚焦在某一优势上面，而不是弥补短板。

我们都听过木桶理论，人们认为盛水量由组成木桶的木板决定，如果其中一块木板很短，就变成盛水量的限制因素，所以木桶能装多少水，取决于短板，即短板决定高度。

我问你，你每天都关注自己的缺点，天天努力去弥补缺点，你就能追得上优秀的人吗？

你把两根木棍变得一样长，结果是得到一双中规中矩的筷子，但如果你把那根长的木棍做成拐杖，不是更好吗？

一个人的数理化不好，难道他就考不上大学吗？

从小我们就被教育，偏科是大忌，所以很多学生都努力在成绩不好的学科上费心思。但为什么还有偏科的人考上大学？因为文科好是他的优势，他把更多的时间都用在文科上，以此弥补理科成绩弱的问题，这叫扬长避短。

任正非曾经说过一句话："这一生短的部分我不管了，我只想做好我这块长板，然后再找别人的长板拼起来，这样就是一个高桶了。"

没有人可以做到完美，即便是华为的任正非也要承认自己有短板。即便是霍金也有短板，但霍金通过发挥超群的智商弥补了身体的缺陷，任正非只关注长板也做成了华为。所以，我们普通人更应该学习"反木桶理论"，专注于自己所擅长的，深耕长处，把一件事情做到极致，如此你就赢了。

在商业竞争中，能把竞争对手逼到角落，成为行业佼佼者的企业，一定是通过发挥一项优势，构建了强大的"护城河"。只是很多人、很多企业并不清楚自己的优势是什么，做事喜欢平均发力，最后却只能得到一个平平无奇的结果。

**发扬优势的时候，应该集中资源形成合力，打造势能，单点突破才有更多赢的胜算。喜欢平均发力的企业，会因为力量不足而使得一个目标都不能实现，最终使自己陷入被动。**

BAT之所以强大，是因为每一家企业都在局部构建了强大的优势：百度专注于搜索，阿里专注于电商，腾讯专注于娱乐化内容。它们在各自的领域集中发力，设立较高的进入门槛，别人很难进来。

怎么找到企业的优势？

**企业的优势包含组织结构、劳动效率、品牌、产品质量、信誉、技术研发、营销等方面相较于同类企业更具有竞争力的、更能碾压对手的条件。**

企业如何打造局部优势？

兔子生来是不是很弱小，也没有坚硬的外壳保护自己？无论是天上的鹰，还是地上的猎狗，都可以捕捉兔子，但兔子的数量为什么还有很多？

因为兔子的奔跑速度可以达到70千米/小时，靠奔跑就可以躲过很多天敌的追捕。

虽然有些企业刚创立的时候规模很小，实力很弱，资源相对匮乏，但每家企业拥有的资源、要素不同，都会在经营中打造出一个优势，最终通过这个优势，可以达到以少胜多、以弱胜强的效果，想找到或者想打造强大的局部优势碾压竞争对手，有3个出发点适合企业去做。

### 1. 通过产品，打造局部优势

无论是实体企业，还是互联网企业，都会通过一项产品带动企业的发展，实现盈利。

在唯有聚焦才可塑造优势的情况下，企业应该集中资源打造足够优质的产品，带动企业的增长。

在公牛插座没有出现以前，你们能想到一个靠卖插座的企业可以做到年营收 123 亿元的业绩吗？

就像近几年比较火的螺蛳粉，看着是个小产品，但我的一个学生，只做螺蛳粉，每年的营业额也有一亿多元。

即便是只卖水的企业也能做得很大，娃哈哈、百岁山这些品牌不知名吗？

有些企业追求多元化，什么都想做，不仅做实业，还做房地产，看到互联网火，又做互联网，可是没有一个知名产品能带动企业的经济增长。所以，企业应该专注于打造一个知名产品，带动企业的整体进步。

### 2. 通过地理位置，打造区域市场的局部优势

饼要一口一口地吃，敌人要一个一个地消灭，先成为第一个第一，再成为第二个第一。

很多企业做市场的时候喜欢平均发力，看到某个南方城市的用户消费能力强，就进入这个市场，看到某个北方城市用户的消费能力强，它也去，最后一个市场都没进去。

在区域市场获得成功的典型例子是白酒。到北京喝什么酒？二锅头。到山西喝什么酒？汾酒。到江苏喝什么酒？洋河。

为什么每到一个地区，喝的酒不同？

因为二锅头的市场集中在北京，无论是商超，还是小卖铺，随处可见二锅头。洋河在江苏市场是白酒的领军品牌，我们来看看它是怎么做的。

2005—2006 年，洋河在江苏省内以南京市场为中心，成立蓝色经典品牌营销公司，在南京投入大量的人力、物力推广品牌，把南京作为样板城市，建立蓝色经典明星市场，打开了洋河的知名度，得到了用户的信赖。

当坐稳南京市场以后，洋河采取就近原则，把"拳头"伸向能够得着、

抓得住的周边城市，联合重点经销商，运作以宿迁为代表的苏北市场，以及以苏州为代表的苏南市场，实现了从南京样板市场到区域市场间的联动，再到整个江苏市场的整体发展，由一个第一成为另一个第一。

### 3. 降低成本，形成局部优势

在你的认知中，是不是觉得印度很穷？但你知道印度将成为世界上第一个将医疗与财富脱钩的国家吗？

我们来看一个印度眼科医院的例子。

在印度，一名普通的眼科医生每年做 400 例白内障手术，但亚拉文眼科医院的医生，一年可以做超过 2000 例的白内障手术，还能保证手术质量。

在亚拉文眼科医院，你可以看到这样的场景：一间手术室里，并排放着 7 张手术台。在第一张手术台上，一名医生对着病患的眼睛开刀；第二张手术台上，另外一名医生开始摘除这名患者的晶体；第三张手术台上，另一名医生正在给患者植入人工晶体……每一张手术台边的医生只负责局部的手术，直到第七张手术台上，由护士对患者进行术后的伤口缝合工作，然后站在原地等待下一个需要伤口缝合的患者，他们所有的操作都是流水线模式。

这样做的好处是，医生和护士不需要掌握整台手术的所有技能，个人所负责的操作只需要经过 3 个月的严格培训，用规范化、流程化的方式，就可以高效率地完成手术。

再加上亚拉文眼科医院建立了眼科产品研发生产基地，研发的医疗用品廉价，其成本仅为进口医疗用品的十几分之一，实现了把一台手术的成本控制在行业水平 1/10 的目的。

除了上面的 3 种方式，企业还可以通过技术打造局部的竞争优势。比如，鲁花研发的 5S 物理压榨技术，去除了花生里的黄曲霉毒素，让花生油更健康、更安全，得到了消费者的认可，成为花生油行业的引领者。但小企业做技术研发，需要下定决心，坚持持续投入经费，才有可能获得成功。

每个企业都不同：有些企业有忠诚度高、技能高的员工，这是企业的局部优势。有些企业有一批忠诚性很强的用户（如小米的"发烧友"），依靠用户的反馈与信赖撕开市场的口子。还有些企业为客户提供了贴心的服务，如海尔通过服务备受客户的欢迎……

　　企业的竞争越来越激烈，商场如战场，相对弱小的企业若想取得胜利，就要找到局部优势，通过局部优势占领某个区域的高地，再集中力量构建竞争壁垒，只有把对手都隔绝开来，才能以巧取胜。

## 找准竞争对手，确立竞争关系

市场经济是竞争经济，凡有竞争，必有对手，找准竞争对手，就确立了你所有工作展开的方向。如果找错了竞争对手，你就会变成唐·吉诃德。

竞争不可避免，有竞争就会有对手，谁才是我们的对手？全世界都是我们的竞争对手吗？

不是。

如何找到竞争对手？

（1）在产品上线前，调研客户为了满足自身的需求会选择谁？

（2）能替代你的或你想替代的对象，可能就是你的竞争对手。

现在，康师傅方便面的竞争对手是谁？还是统一吗？

不是，是自嗨锅。

因为自嗨锅抢的是吃速食的人群，要替代方便面。

当你找到竞争对手的时候，应该怎么做？

如果你找的竞争对手不仅比你强大，还比你有优势，那你就先找它的优势，因为优势往往很明显，再想它的优势中的弱势是什么。

例如，解放军和敌军打仗的时候，时常面临资源不充足的情况，但解放军为什么总能获取胜利？

因为他们善于找到对手的弱势。

敌军有飞机、有坦克，还有大炮，解放军就利用熟悉地形的优势，把敌军引到山区，利用地形把自己隐藏起来。高空中的敌军难以发现解放军精准的位置，陆地上的直射武器射不到、曲射武器看不见，大石头还能挡住在主峰爆炸的炮弹片，所以敌军总觉得解放军很聪明。解放军在资源不充足的情况下，通过攻击敌军弱势的办法，取得了最后的大胜利。

在市场竞争中，企业也可以利用该方法获胜。

提到酒，大家会想到哪些品牌？茅台、五粮液！

这两个品牌的名气大，历史悠久，资金实力雄厚，口碑好，如果一个新的酒企想和这两个品牌竞争，难于上青天。但真的没办法了吗？

虽然对方品牌的名气大，但可以通过渠道的方式获胜，毕竟品牌为王、渠道为王中王。

渠道相当于输送物品的管道，产品只有先被推到消费者的面前，才有机会被认识、被了解、被认可。所以洋河在刚进入市场的时候，通过铺设大量的渠道来提高产品销量，获利后，再加上广告宣传，成为第三大酒企品牌。

百事可乐与可口可乐的竞争，也是经典案例。

人人都知道可口可乐是可乐的发明者，代表正宗，历史悠久，这是哪个碳酸饮料品牌都无法超越的经典，但晚出生 12 年的百事可乐怎么做的？

早期，百事可乐曾有两次濒临破产主动要求可口可乐并购自己的情况，后来并购事件不了了之，百事可乐无奈地成为可口可乐的追随者。但这种策略无法让它快速获取市场份额。

二战后，美国诞生了一大批年轻人，成为美国的主流力量。既然无法与纯正的可口可乐对比，干脆就站到可口可乐的对立面，百事可乐的味道比可口可乐的更甜，更容易受到年轻人的青睐，所以在 1998 年，百事喊出"新一代的选择"，把自己定位为新生代的可乐。

为了更好地与年轻人结合起来，百事可乐的广告形象代言人，永远都是当下最火的明星，20 世纪八九十年代选择的是张国荣、刘德华、郭富城，20

世纪零零年代选择的是古天乐、谢霆锋等人，一直到现在，百事可乐的广告都围绕年轻人展开。

在中国，百事可乐已经成为年轻人最喜欢的软饮料，一度蝉联"中国大学生至爱品牌"。

所以，**竞争的第一步，本质上就是确立竞争关系。找对竞争对手，才能解决竞争问题。**

# 产品力破局的3点：痛点、痒点、爽点

> 不痛不痒，客户不爽，是很多企业营销平庸的原因。产品力塑造就是要从痛点、痒点、爽点上下功夫，这也是海飞丝、戴森、抖音畅销不衰的原因。

在产品同质化越来越严重的时代，还有很多企业家都怀揣着一个梦想：打造一个爆品，带动企业的知名度，树立品牌！

然后，老板就把打造爆品的压力给到研发人员。

研发人员吃不香、睡不好，抓耳挠腮地思索怎么做才能打造爆品，苦想无果后，只能开始参考近几年风靡互联网的爆品。

等到要给老板交代的时候，老板看着眼前的产品会出现两种情况。第一种情况：产品模仿得很像，有爆的可能，老板很开心。第二种情况：老板看着眼前的产品傻眼了，研发人员也没自信地低着头——模仿的产品颜色花里胡哨、功能奇奇怪怪，都不知道谁会买。最后要再重新做一遍。

什么是爆品？怎么样才能打造爆品？打造爆品很难吗？

通俗的理解，爆品就是受众非常广，且得到一致好评的产品。

**爆品是在互联网时代诞生的词语，它代表着热度和流量，有了爆品就可以让用户通过产品了解企业，带动企业其他产品的销售。**

想打造爆品，要站在用户的角度思考他们需要什么。打造爆品从来都不是一件简单的事，但我们可以掌握打造爆品的思考方式。

1. 挖掘痛点

痛点是刚需，属于基本需求，可能是困扰用户很久都没有人解决的需求。

最常见的痛点：天冷时，北方的公交、地铁上，室内都有暖气，所以北方人进屋就可以穿短袖、吃冰棍。

南方没有暖气，晚上睡觉盖两层棉被都觉得冷，所以南方人对北方有暖气这件事羡慕不已。这就是南方人的痛点。

有多少家庭会因为刷碗而吵架？

部分年轻夫妻为了逃避刷碗这件事，甚至用上了"抓阄""猜丁壳"的方式决定。

洗碗机的出现，解决了因为刷碗而吵架的问题。

解决痛点的产品，还有公牛的安全插座（图4-1），"保护电器，保护人"。

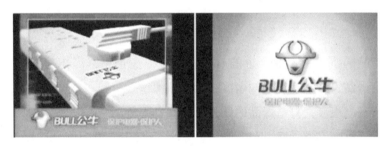

图4-1 公牛的安全插座

近几年，自嗨锅为什么越来越火？

因为自嗨锅解决了人们出远门吃饭不方便，只能用泡面凑合的痛点。

自嗨锅不仅有丰富的食材，口味既多样又美味，解决了出远门没有饭吃的问题。而且，自嗨锅还自带加热包，还解决了出远门没有开水，只能吃冷食的问题。

**痛点就是解决用户的难题！**

2. 洞察痒点

**痒点是不那么紧迫，在痛点需求基础之上为用户提供的"增值服务"。**

　　痒点是触动消费者心中的"想要"，听到有这样的产品，心里痒痒的，充满兴趣，觉得自己也有一份就好了。

　　如果说半夜饿了，起床冲泡面，这是解决痛点，那么在面里加根香肠，这就是满足了痒点。

　　提起美图秀秀、黄油相机、轻颜相机，想必女孩们的手机里一定至少有这几款软件其中之一。为什么它们是女孩手机里的必装机神器？

　　因为这几款软件都有"一键变美"的功能。

　　古代，人们以画像保留一个人的相貌，现代则是用手机拍照。虽然用手机拍照的方式更便捷，但拍出的样貌，会把一个人的美或丑都原原本本地展现出来，但没有人希望看到自己不完美的那一面。

　　各种各样的修图软件，就是洞察用户的爱美心理后而被研发出来的。

　　基础功能满足了女孩拍照的需求，但它们还具有"美颜"的功能，不用化妆，不用修图，每一张照片都有超出本身容貌的颜值，把痘痘、暗淡的肤色、皱纹、疤痕都消除得干干净净，让女孩陷入"我很美"的虚拟感里，塑造内心向往的自己。

　　戴森的吹风机除了颜值一直被网友追捧，还有一个触动用户的细节：使用时声音小。

　　对于喜欢留长发的女性而言，吹风机的风量越大越好，这样才能满足快速吹干头发的需求，但功率大，就会出现噪声大的问题。

　　戴森完美解决了这一问题，同样功率的吹风机，戴森吹风机的风量很大，产生的噪声却很微弱。这就是洞察用户痒点后打造的解决方案。

　　**痒点就是满足消费者内心潜在的、未被满足的欲望！**

　　**3. 满足爽点**

　　**爽点是能给客户带来"哇哦"效果的刺激感，不仅能让人立即产生快感，还能让人上瘾。**

　　互联网的出现，满足的就是当代人的"爽点"。

　　下雨了，家里没有食材，又不想出去吃饭，网上不仅可以订菜，还可以订饭，半个小时就能送到。护肤品用完，想买新衣服，但又不想出门，都可以网上购买然后送到家，让你想要的时候，马上就拥有。

网友常说："刷抖音比看电视剧爽。"

爽在哪？

每隔几十秒就有一个让你觉得出乎意料的反转和搞笑画面。

短视频用不间断的、不重复的新内容让你快速得到快乐。虽然等你关上手机的那一刻，有可能什么段子都没有记住，但你会对这种即时可得的愉悦很上瘾，这也是大多数年轻人"一直熬夜一直爽"的原因。

很多女性认为燕窝有美容养颜的功效，但燕窝是一份很难处理的食材，即便是重金买回家的产品，还要费时间细细挑出杂质，再找烹饪教材，学习怎么炖煮燕窝。对于很多客户而言，想吃一份燕窝，要花费大量的时间、人力。

近几年市场上出现了一个燕窝品牌，为客户提供"互联网下单即时配送，炖煮好、可即食的新鲜燕窝"。

喜欢吃燕窝的客户，不用挑选原材料，不用处理食材，也不用烹饪，到手即可食用。该模式让这个从 2017 年正式发力的品牌，实现连续多年鲜炖燕窝全国销量领先的业绩。

**爽点更关注用户的情绪，让用户得到片刻的愉悦！**

一款能引爆互联网的产品，大多不是照猫画虎诞生的，而是有一个能触动用户的点，才能形成势能。

很多小家电品牌能出圈，是因为在烹饪功能的基础上，还有超高的颜值，满足与家"搭配"，满足用户拍照发朋友圈炫耀"我和你们不一样"的痒点需求。

早期，京东之所以能在电商平台突围，是因为它靠着"当日达"的爽点满足客户。如果你想打造一款爆品，就要对你的客户进行深度调研，了解他们真正的需求，再从产品的优势出发，选择通过一个或两个点触动用户。

# 品类占有：撬动销售的认知逻辑

　　品类是客户购买产品时的最后一级分类，占有某一个品类认知，就相当于占有市场的一部分。所以，让品牌等于某品类，是商业竞争的顶级策略，就像鲁花＝花生油、公牛＝插座、东阿＝阿胶。

　　你还能记得以前买鞋的情景吗？

　　以前，你到商店对营业员说"我想买双鞋"，他问也不问就递给你一双解放鞋。但是，如今你再去商店买鞋还是这样吗？你们的交流可能是以下这样的。

　　营业员：你要买一双什么鞋呢？正装鞋、休闲鞋、运动鞋？

　　客户：我要买一双运动鞋。

　　营业员：你要买一双什么类型的运动鞋呢？篮球鞋、足球鞋、网球鞋、乒乓球鞋、羽毛球鞋、跑鞋、旅游鞋、自行车鞋、滑板鞋、涉水鞋、登山鞋……

　　客户：我要买一双跑鞋。

　　营业员：您要买什么样的跑鞋呢？很少跑步的人选缓震型的，偶尔跑步的人选支撑型的，经常跑步的人选速度型的。

客户：我买缓震型的跑鞋。

营业员：好的，这几款中，您比较喜欢哪一款？

为什么在不知不觉中买鞋的交流会发生这样的变化呢？

运动以前是一个大类，人们用同一双鞋满足不同运动的需求。所以，当你要买运动鞋的时候，营业员问也不问就拿给你。但是，在消费者为了追求更好成绩、更好体验的驱动下，运动鞋品类开始细分，发生品类裂变。买鞋的交流过程也就发生了变化。

什么是品类呢？

你爱人让你买一个"家纺"，你无法知道她让你买什么，当她跟你说要买"被罩"时，你才明确知道她要什么。"家纺"不是品类，"被罩"才是。

你的朋友让你从建材市场代买一个"电动工具"，你无法知道他要买什么，当他跟你说买一个"电锤"时，你才明确知道买什么。"电动工具"不是品类，"电锤"才是。

很多企业经常使用的行业名词并不是消费者认知中的品类名词，但企业却拼命地在这个"错误的词汇"上使劲砸广告。

好的品牌都有一个共性特征，那就是"品牌＝品类"。比如，"可口可乐"虽然依然要标注为汽水，但它在消费者心中的"品类"是可乐。

好品牌的另一个共性特征，那就是"提起品类想到品牌"。比如，说起花生油，就能够想到鲁花。

所以说，**"无品类，不品牌"**！

品类是企业家和企业一生都要思考的问题。

选择哪一个品类？代表哪一个品类？

生活中，品类裂变和品类选择的例子不胜枚举。

比如，你和朋友打算去吃饭，你们不知不觉地就进入了品类筛选的过程。

吃中餐还是吃西餐呢？选择中餐。

中餐又包括炒菜、小吃、火锅、烧烤、面，吃什么呢？吃火锅。

火锅行业竞争激烈，有京派火锅、川派火锅、酸汤鱼锅，吃什么呢？四川的火锅有特色，吃川派火锅。

川派火锅还分为麻辣香锅、牛油火锅、清油火锅、毛肚火锅，吃什么呢？吃毛肚火锅！

每一次品类裂变都是对人群的细分，品类裂变使产品更专业、服务更专业。

**品类营销是在商业中创造价值、赢得竞争的重要规则！**

在商业竞争中，品类就像山峰（图4-2），当所有的山头都被人占领时，最勇敢的方法是再造一座山峰，让自己站在山顶，这就是品类创新。

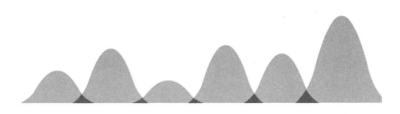

图　4-2

苏轼有诗云："横看成岭侧成峰，远近高低各不同。"

**品类创新的基本原理就是在行业中按某种尺度进行差异化分类，再通过定义的方法使其具有独立的概念，进而形成独特的消费价值。**

那么，具体应该如何进行品类创新呢？

假如屋子里全是小鸡，数不清也分不清。我们用板子把它们分隔开，就容易数清有多少只。这是一个分类的过程，分类把复杂的问题简单化。为了进一步明确它们的不同，我们将其定义为乌鸡、黄鸡、柴鸡、肉鸡……定义是把模糊的问题清晰化。这就是品类创新的基本过程。

生活中，人们总是先有麻烦和痛点，企业再提出创造性的解决方案并赋予其新定义，这就是新品类。新品类是新山峰，也是新赛道！

比如，某个生产鞋的企业细分老年消费群体，专门为老年人设计出一款老年楦型、老年花色、防滑鞋底、减震鞋垫的鞋子，并定义为老人鞋，切出一个新品类。

泉州的某个制鞋企业生产运动鞋，但是竞争不过耐克等大品牌，怎么办呢？那就细分 8 ~ 12 岁的孩子，这些孩子既有独立的审美主张，又处于大运动量时期，在对鞋的底材、面料、设计都进行了一些针对性的设计之后，定义为"大童鞋"，也切出一个新品类。

以前，我们熟悉的茶有铁盒的、饼状的、砖状的、散开的、袋泡的。一家企业只是把包装罐子变小，也切出了一个新品类——小罐茶。

传统男装只有商务装、休闲装、运动装三大品类，服装企业通过细分，创造了商务休闲、商务运动、运动休闲 3 种全新的品类。

顶吸式油烟机吸油烟过程中老是有油烟溢出，而且顶吸式油烟机占用厨房空间，会造成一种压迫感，把油烟机放在下面，就变成集成灶这个新品类。

比如，牛奶根据杀菌工艺不同可以分为巴氏奶、超高温灭菌奶两个品类。减少牛奶的含量到 80%，加入糖、水和菌种，经过发酵工艺之后，就成了酸奶这个品类；同样是含量 80% 的牛奶，添加了咖啡、红枣、谷物等，又变成红枣奶的品类；把牛奶含量减少到 30%，添加了水、白砂糖、甜味剂、酸味剂、果汁、茶、咖啡、植物提取液等，就变成乳饮料的品类。

**品类是山峰，品类是赛道！无品类，不品牌！**

**要想赢得竞争，就要开创品类、细分品类！**

# 定价值定天下

"定价定天下",这句话的荒谬之处,是把企业引导到盲目提高价格的方向上。正确的说法是"定价值定天下",先有价值,才有价格,价格只是价值的表达方式。真正的商业高手,是用价值定天下。

你在买东西时,总要问一个什么问题?

这个东西多少钱?有没有促销活动?

你关心的是价格。

价格仅仅是一个简单的数字吗?

所以,有人对价格的定义是:价格是商品价值的货币表现。

稻盛和夫认为定价即经营。

巴菲特认为,评估一项业务的唯一决定因素,就是其定价能力。

我认为价格就是4个字——价定格局。

**价格定人群,定竞争,定战略,定未来。**

价格是一个区间,产品价格在这个区间里是高还是低。价格是一把刀,一刀划出一条价格线。这条线确定了你的目标人群是谁,确定了与谁竞争,决定了产品战略是什么。定价甚至会决定企业的生死。

苹果手机进入中国时，采取高价策略，一台手机 5000 多元。这个价格划定了目标人群为高端精英人群，相应采取高端手机的营销战略，如苹果手机线下体验店等。苹果手机之所以敢于定高价，是因为它极致的产品体验制造了稀缺，俘获了高端手机消费人群。

反观后来者，小米手机为何能够异军突起？靠的是价格的撬动。

当时，国内三星、苹果的手机价格高达 5000 元时，其他国产品牌手机 2500 元，小米手机售价只要 1999 元，走出了一条高性价比策略之路，迅速打开了市场。小米手机定价 1999 元，它就划定了中低端用户为目标人群。将产品塑造出超过 1999 元的价值，目标人群认为超值。因为低价，为了节约成本，小米手机只能在小米官网进行销售，不到 3 个小时，卖了 30 万部。但是近几年小米手机发展乏力，所以成也定价，衰也定价。

**价格是产品的生命线。是定高价还是定低价，决定你的生存方式和竞争激烈程度。**

定高价，是定战略。人们永远追求优质的产品，而不是劣质产品。因此，定高价的前提是产品要优质。

定低价，是定战术，即企业短期生存的权宜之计。

那么，到底如何定价呢？

我们在定价时，有一个误区：

我们是先卖产品，还是先卖价格？

我们是先有产品后定价，还是先定价后有产品？

比如，推出一款吹风机，是卖吹风机这个产品，还是卖吹风机的价格 2999 元？我们最终与消费者达成交易的价格是 2999 元。

因此，我们最终卖的不是产品而是价格。

科特勒说过：营销，就是把价格以产品为载体卖出去。

所以我们是先卖价格，后卖产品。

我们要先定价后定产品，而不是先定产品后定价格。

当然，你敢先定价后定产品，建立在你有生产优质产品的能力基础上。如果你的产品质量达不到你定的价格，最后只能是空中楼阁。

定价的方法很多，如苹果手机的撇脂定价法（定高价，高利润）、小米手机的渗透定价法（低价渗透，获取市场）以及成本加利润定价法、市场竞争导向定价法、目标利润定价法、歧视定价法等。

很多企业不知道如何选择定价方法。

在定价前，我们要先弄明白：定价的本质是什么？

定价和成本有关系吗？

同样一瓶水，一瓶卖2元，一瓶卖20元，它们的成本都差不多，为何它们的定价不同？在小卖铺卖就值2元，在大酒店卖就值20元。

那么，价格是由什么决定的？

在茅台镇核心产品中，酒的成本100多元，普通品牌只能卖二三百元，茅台酒就能卖到三四千元，为什么？

价格会围绕价值上下波动。因为普通品牌和茅台酒在消费者心里的价值不一样，价格才分出了高低。价值，不仅包含实体产品的价值，还包含隐性产品的价值，如喝茅台酒可以彰显身份地位这个隐性价值。因此，价格和产品给消费者塑造出来的价值认知有关系，让消费者认为就值这个钱并愿意为此买单。所以，我们要通过产品塑造价值认知，进而操纵消费者对产品的价值认知。

**定价，先要确定价值认知。**

定好价值认知，再考虑要达到什么目的，选择哪种定价方法。

你知道如何定价了吗？

## 第六节

# 你的企业有自己的飞轮吗？

> 西方顶级的企业都在建立自己的商业飞轮，会产生越来越快的飞轮效应，以 A 产生 B，B 反过来强化 A，这就是正向转动的飞轮。少数企业之所以没有成功，是因为它们只重视杂耍效应，就像一只手玩很多球，看起来眼花缭乱，实际上无法持久。

提起郎朗，想必大家都会想起他在钢琴方面的成就。

最早，郎朗两岁半时被动画片《猫和老鼠》中"汤姆"演奏的《匈牙利第二狂想曲》吸引，从而对钢琴产生了浓厚的兴趣，在家弹出了一些基础旋律，被他的父亲发现并大加鼓励，随后请音乐学院的老师对他进行培训。寒冬酷暑里郎朗苦练钢琴，5 岁就获得东三省少年儿童钢琴比赛第一名。

郎朗的自信心得到满足，他的父亲为此也很骄傲，带着他多次参加比赛均获得奖项。后来他父亲用这些奖项作为敲门砖，带着郎朗在北京拜访更优秀的名师学习。一番苦学后，郎朗终于考上柯蒂斯音乐学院，凭借出色的钢琴曲站在山峰之巅。

除了郎朗，在日常生活中，你有没有遇见过以下情况？

因为你最近加班比较忙，所以老公偶尔做一次菜，你觉得老公做的菜比之前好吃，你随口夸了一句，等你第二天下班回到家时发现，老公又做好了饭菜，菜的口味、做法都很新颖，他说，那是他在小红书上特意找的菜谱，一边看一边学的。你对此感到很惊讶，不明白为什么老公的变化这么大。

无论是郎朗，还是我们身边的这些情况，是怎么出现的？

这就是美国管理学家吉姆·柯林斯在《从优秀到卓越》一书中提出的飞轮效应。什么是飞轮效应？

**用每个行为的结果，反过来加持它的行为，以"增加"导致"增加"。**

就像老婆夸赞老公做饭好吃，这是老婆给老公的好评，老公因此受到鼓舞，所以更用心地想做好饭，期待得到更多的夸奖，如图 4-3 所示。

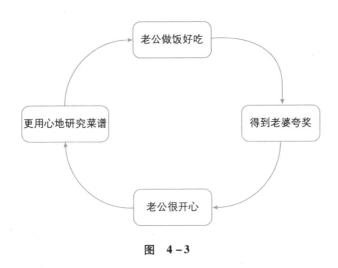

图　4-3

但不是每个人、每个企业、每个国家都能构建自己的飞轮，有些人甚至构建了恶性转动的飞轮而不自知，导致自己的人生越来越差。

**恶性转动的飞轮，是用每个行为的结果，反过来减弱它的行为，以"增加"导致"减少"。**

有一个孩子，原本学习成绩很好，因为一次生病缺席两天课，考试成绩比之前差，等他拿到结果的时候，先是被老师批评学习不如之前努力，等他回家的时候，又被爸妈指责学习不上心。

孩子的内心受到打击后，精神压力更大，即便他想好好学习，但他总怕自己考得不好再被批评。然后在考试的时候没有自信，反复修改答案，甚至都没有时间写完试卷，结果他的成绩比上次还差。

回家后又被家长责备是个笨蛋。之后他上课时不认真听讲，认为自己就是考不好的学渣，听不听都无所谓。由于自暴自弃，他的成绩越来越差，成为大家眼中的差生，如图4-4所示。

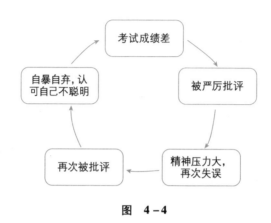

图　4-4

人生是有迹可循的，我们现在呈现的生活样貌，都与过去反馈的结果有关，现在走的每一步，也都能或多或少地影响到自己的未来。

在商业中，有的企业建立了正面的飞轮效应，越做越好，成为世界级的企业；但有的企业却因为建立了负面的飞轮效应，曾经的努力都付诸东流。

**1. 建立正面飞轮效应的企业——英特尔**

英特尔最早生产出来的处理器是 Intel 80386，一出道即巅峰。英特尔是如何保持在处理器行业的位置不被动摇的？

对于电脑而言，处理器最重要的是技术能持续进步，技术的研发需要烧钱，如何在技术进步的时候，还确保企业能赚钱？

如果产品一直卖低价，会因为没有多余的利润而无法研发新技术。所以英特尔决定，利用作为芯片先行者的地位，给芯片定高价，等竞争者进入时，迅速降价，这样还能有利润可赚，再把这些利润用于研发新产品，这样就可以持续保持引领者的地位，如图4-5所示。

正面转动的飞轮持续转下去，能让企业薄弱的竞争力越来越强，连竞争对手都无法瓦解。

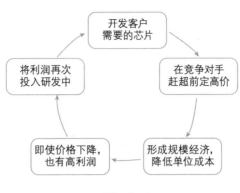

图　4－5

### 2. 建立负面飞轮效应的企业——郁美净

郁美净坚持在20世纪80年代，卖1元一袋的价格，直到20多年后的今天，才2元一袋。

它坚持低价的发展策略，虽然也拥有一批忠实用户，但是在西方化妆品品牌涌进中国市场的时候，它没有多余的利润，没有办法研发更优质的产品，也没有办法升级包装，更没有利润做传播。就这样，这个品牌在用户的脑海中，一直都是20世纪80年代的形象，如图4－6所示。

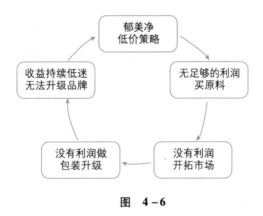

图　4－6

这个世界上，不是所有企业都有机会成长为知名的巨头，原因在于有的企业从一开始就建立了恶性转动的飞轮。

有些企业在规模小的时候，因为品牌的知名度低，整体的销量不好，企业为了生存，清理库存的方式是促销。虽然库存都清理完了，但企业并没有赚到利润，等生产下一批产品的时候，便开始偷工减料，导致产品的质量越来越差，即便是比打折还低的价格，都没有人买。老板思前想后，为了节约成本，只好裁员，最终把拿着高工资的高管都裁掉了。

虽然高管的工资高，但高管在企业的时间更长、能力更好，以至于整个企业只剩下底层员工，做事效率低，结果差，整体成本又难以提高，最后迫不得已再裁员，就这样一路下来，企业只能无奈地关门。

**恶性转动的飞轮持续转下去，薄弱的缺点会越来越弱，最后会像脱缰的野马带着企业走向悬崖。**

吉姆·柯林斯说："企业从优秀到卓越的转型中，没有单一起决定作用的创举，没有惊人的创新，没有幸运的突变，也没有奇迹的瞬间，都是初始成果的叠加。"所以企业想要永续运转，就要建立正面的飞轮效应。

# 降维打击：碾压对手的力量

> 在开锁匠的眼中，一把钥匙能开所有的锁，这就是开锁匠
> 对普通人的降维打击，因为对普通人而言，每把钥匙、每把锁
> 都不同。理解了行业的本质，就找到了降维打击的着力点，如
> 同小米手机打击了所有的山寨手机。

鸦片战争期间，八十万清军，为何不敌四千英军？

武器落后是清朝失败的主要原因。虽然大清帝国比英国大很多倍，但是武器还停留在冷兵器时代，而英国已经开始用热兵器打仗；清朝生产的火药采用作坊式手工工艺，采用土法炼铁，而英国已经进入工业革命，武器生产制造能够实现工业化、规模化、标准化。

英国的工业革命对清朝的封建社会，就是碾压式降维打击。

这个世界较量的不是孰大孰小，而是谁高谁低。

什么是降维打击？

**降维打击就是"鹤立鸡群"**。一只鹤跑到鸡群里，鹤凌驾于鸡群之上，脱颖而出，光彩照人。这是不同物种在同一领域之间的降维打击。比如，航空飞机的主要结构材料钛金属，应用在保温杯制造上，做成钛杯。钛杯比不锈钢保温杯各种性能都有优越性。一个钛杯可以卖到上千元，价格远远高于普

通不锈钢保温杯，钛杯对不锈钢保温杯就是一种降维打击。

**降维打击就是"杀鸡用牛刀"**。有人会说杀鸡用牛刀，有必要吗？小题大做了吧？恰恰相反，小题却大有作为。

我有一个学生，他就是用"牛刀"去"杀鸡"。

他毕业于中央美院，后来成了一名画家，最后他与老婆携手创办了一家服装公司。他们的服装设计师亲自去酒店、企业等上门量身定制。后来发现，无论是酒店还是餐厅，对厨师服基本都不重视。因为厨师不直接面对消费者，对厨师的形象没有意识。但是他看到西方国家对厨师的形象一直都很重视，于是他们决定进军厨师服品类。经过几年的艰辛摸索，他们最后打造成了行业品牌、中国品牌，并成为世界品牌。

他为何能够成功？就是用的降维打击，"杀鸡用牛刀"。

20 世纪 90 年代，厨师服不被看重，没有创新，停留在低级模仿、粗制滥造的发展状态。他凭借自身的艺术审美造诣，用艺术视角去做厨师服，无疑是一种降维打击。他设计的厨师服采用世界五百强服装企业面料，设计时尚，功能实用。后来他们还参加国际性产品展销会，并开拓了国际市场。一名画家进入厨师服领域，从艺术时尚的角度做厨师服，就是对过去厨师服行业的"高维打低维"。

生活中的"高维打低维"处处可见。

戴森为何那么贵，大家还要购买？戴森为何能够风靡全球？

戴森的成功之处在于它拥有先进的马达技术。最初，戴森吸尘器使用的是日本电动马达，已经是市场上最好的。但依然存在经常发生故障、重量太沉等问题。

传统吸尘器马达的转速每分钟 3 万转，比喷气式飞机和一级方程式赛车的马达都要快。戴森认为要想让马达产生强大的离心力，这个转速还不够。于是它就联合知名大学合作研发，要让马达转速达到原来的 4 倍。最后，找到了创新驱动方式，那就是芯片。由机械装置控制的马达，升级到数字智能控制的马达，让对手难以超越。

由芯片控制的马达，是对传统马达的一种降维打击。戴森将这种马达命名为"戴森数码马达"。戴森产品不断迭代,体积越来越小,性能越来越好。目前,戴森拥有全世界最小的高速马达,每分钟高达 13.5 万转。

**产品上的创新是高维对低维进行打击,更厉害的是模式上的降维打击。**这种打击可能来自看得见的同行,也可能来自突如其来的门外人。奈飞降维打击巨头,直接免掉租用滞纳金,通过线上邮寄方式打击巨头的数千家线下店,导致巨头破产。另外,还有滴滴打车对传统出租车的打击,外卖对传统方便面行业的打击,微信对中国三大电信公司的打击。

# 马斯洛需求层次理论：
# 需求层次不对，一切辛苦白费

现在的学生经常问的问题，不是如何学习，而是为什么要学习。孩子们关注的是精神需求，但家长却停留在生理需求层面："你不好好学习，毕业后找不到好工作，以后就没有饭吃。"正确理解并运用马斯洛需求层次理论，可以产生很好的销售驱动。

我们在销售管理中是不是会遇到这样的情况：你好不容易申请到一笔费用，并对所有的销售人员说，今年好好干，干好了年底带大家去马来西亚旅游！

销售人员好像挺振奋的样子，但实际上摸底之后才知道，大家对这个激励政策的反响并不那么热烈，甚至有人说"出国能干吗，还不如折现呢"。

为什么会出现这种情况呢？

如果从马斯洛需求层次理论的角度进行分析，也许你的销售人员目前正处于"生理和安全需求"的阶段，他们更在乎获得现金的刺激以满足温饱或日常消费。此时，你用出国旅游去激励他们，作用当然不大。

人，为什么而活？

人，为什么而行动？

人类的一切行为都是因为"某种力量在驱动"！

比如，奴隶为什么要工作？因为背后有奴隶主的皮鞭，他们有生存的需求。

杀手为什么要去杀人？因为除能获得金钱之外，杀手依附于杀手组织，有社会需求。

为什么孙敬头悬梁、苏秦锥刺股，努力读书？因为理想在他们内心产生了驱动力，他们有与生俱来的自我超越的需求。

任何只要有人参与的事业都必须拥有它独特的驱动力，或者来自外部，或者来自内部。销售团队的驱动力来自哪里呢？

来自基于"马斯洛需求层次理论"建立的激励驱动模型，除了基本的生理需求，它还包括 4 个层级，分别是：基于安全需求的有形驱动、基于社会需求的无形驱动、基于尊重需求的立场驱动、基于自我实现需求的价值观驱动（图 4 - 7）。

图　4 - 7

## 一、基于安全需求的有形驱动

什么是基于安全需求的有形驱动？

比如，你去打工，老板给你发工资，你因为温饱为了工资而工作，这是生存需求。

在此基础之上，企业为员工提供了优越的福利待遇，生日蛋糕、节日礼品、年底双薪等，虽然只是让员工多得到一点点，但是这一点点类似于"职业安全声明"，只要你还有福利，就说明你的岗位是安全的。

**安全需求比生理需求高一级，当生理需求得到满足以后就要保障这种需求。**

企业搞招商大会，为了激励经销商多打款、多进货，现场摆上小轿车，按金额打款就可以立刻把轿车开走。眼看小轿车就在那里，经销商们心想：多进一点货、少进一点货差不多都能卖出去，但是多进一点货不仅能得到一辆小轿车，还能让老板高看一眼，刚好我的小舅子最近想换车，为什么不多进一点货呢？

有几十个经销商都是这么想的，于是，招商大会大获成功！

经销商进货、卖货、赚取利润是生存的需求，在现场利益的撬动下，多进货、多卖货是基于安全需求做出的决策。

他在使自己额外获得一台车的同时，也要让企业知道"我有销售能力，请保持与我的合作"，这就是基于安全需求的有形驱动。

**二、基于社会需求的无形驱动**

**社会需求也叫归属与爱的需求，是指个人渴望得到家庭、团体、朋友、同事的关怀、爱护和理解，是对友情、信任、温暖、爱情的需求。**

一家公司特别善于搞内部培训，通过一场又一场的学习使员工熟练工作、努力工作，虽然没有使用什么实际的物质，但教授的理念、知识、技能也起到了对销售团队的驱动作用。销售人员因为需求依附于企业，接受了培训的驱动，这是基于社会需求的无形驱动。

在企业组织里，无形驱动往往比有形驱动更有力量。人们更希望获得同事和领导的理解、认可或赞许，为此他们愿意付出更多的努力！

比如，你所在的车间里有一个光荣榜，你因为是技术能手而榜上有名。每次看到光荣榜上自己的照片都觉得很长脸，走路也昂首挺胸地很带劲儿，但是为了保持照片一直在榜单上，你需要认真工作从不松懈，保证自己的生产质量和数量。那个静静悬挂在那里的光荣榜就是无形驱动。

拿破仑说:"一个士兵会持续战斗,并为获得一个小小的带颜色的绶带而努力!"拿破仑创立了骑士勋章,这种无形的荣誉为拿破仑赢得战争贡献了巨大的力量,勋章就是无形驱动。

比如,你去参军,挂上了代表光荣的大红花,你发自内心地告诉自己,要好好干,为部队争光、为家乡争光。这朵大红花和勋章一样,是社会需求带来的无形驱动。

最近某公司制定了一套全新的薪酬制度,薪酬与业绩挂钩,有基本工资、考核工资、绩效提成、末位淘汰。这一条条白纸黑字的规则看似没什么,但你总觉得像心头的利剑,驱动着你多销售,不要被淘汰,如果有可能,努力拿提成。这些制度化约束的内容,不仅约束了人,还激励了人,这是无形驱动。

你努力工作,没有被淘汰,还成了员工代表。年会上,老板让你登台讲两句,你也不知道说什么好,站在上面感谢这个、感谢那个,但是宽阔的舞台、闪亮的灯光、左右摄影师的拍照、台下一众同事的瞩目让你有些恍惚,自言自语地说:"这种感觉真好!"

第二年,你工作更加认真努力,这是无形驱动。

后来,老板让你负责销售,你和经销商交流的时候,提出了一项政策,每达到一个销售标准,就对经销商进行一个等级的返利,等级越高、返利越高。经销商看着你的方案表格,虽然将信将疑,但鉴于公司多年的信誉,真的开始努力卖货,并拿到了最高等级的政策。你积极地帮助协调,兑现了承诺,这是无形驱动。

你在公司里努力工作多年,成为中层,老板颁布了一个期权方案,说要给你股权。你一看,股权好啊,奋斗一辈子,终于看到财务自由的海岸了!但是,想拿到股权有两个条件,一个是再干 10 年,一个是业绩要增长 3 倍。你不要这个股权呢,这个指标应该也能实现;你要这个股权呢,必须按合同再干 10 年,到时候黄金年龄也过去了。你在挣扎、矛盾中选择了接受这个期权方案。一个方案让你夜不能寐,这也是无形驱动。

**三、基于尊重需求的立场驱动**

每个人都有立场,即使你表明置身事外,其实也是中立的立场。

你站到哪一方的立场，其实就已经在为哪一方默默努力。比如，辩论赛上，你要么是正方，要么是反方，你的目标就是驳倒对方。

**尊重的需求可分为自尊、他尊和权力欲三类，尊重需求很少能够得到完全满足，但只要满足一部分就可以产生极强的推动力。**

我们把销售团队分组竞赛，就是一种基于尊重需求的立场驱动，小组之间不是为了赢得奖金，而是为了赢得"面子"，赢得他人的尊重。所以双方都为了击败对方使尽浑身解数，结果在互相竞争中销售额一路攀升，这是立场驱动。

刘备想要在乱世中立足，必须有人帮助他，他和关羽、张飞结拜为异姓兄弟，他们互相尊重、互相扶持形成统一的立场，这是立场驱动。

现代社会不实行结拜。但是掏钱入股、组织裂变、平台创业，把员工变成自己人，把供应商变成自己人，把经销商变成自己人，把渠道变成自己人，把能加入的都加入进来，这就是立场驱动。

如果实在无法改变组织，那就倡导一种文化，告诉大家"我们是一家人，要以厂为家，互相帮助"，贯彻企业的"家"文化，这也算是一种立场驱动。

**四、基于自我实现需求的价值观驱动**

**自我实现的需求是最高等级的需求，是一种创造的需求。有自我实现需求的人，往往会竭尽所能，使自己趋于完美，实现自己的理想和目标，获得成就感。**

乔布斯对斯卡利说："想一辈子卖糖水，还是和我一起改变世界？"这句话征服了斯卡利与他一起缔造苹果，这是价值观驱动。

稻盛和夫用"敬天爱人"的理念重塑企业，这是价值观驱动。

党员干部发自内心的"为人民服务"，这也是价值观驱动。

基于"马斯洛需求层次理论"建立的激励驱动模型，从有形到无形，从立场到价值观，一层比一层高级，一层比一层有效。

# 加减乘除：创新的4个基础维度

> 增加一个产品功能，是创新的加法；删除渠道中的一个环节，是创新的减法；产品功能迁移到其他领域也能用，是创新的乘法；消除某行业难题，是创新的除法。商业创新是对"加减乘除"的交叉使用。

创新真的很难吗？

乔布斯是发明创造了智能手机吗？

你知道乔布斯在推出第一代 iPhone 时，他是怎么介绍 iPhone 的？

他并没有说 iPhone 是全新的智能手机，他说的是什么？

**iPhone = 一个大屏幕 + 一个手机 + 一个上网设备。**

iPhone 并不是乔布斯的发明创造，他只是重新组合定义了智能手机。

这就是创新。

**特斯拉也不是发明创造，特斯拉只不过是"车厢 + 轮子 + 锂电池 + iPad"的组合而已。**

最近炒得非常热的 ChatGPT，它并不是新物种，只不过是一条自然语言模型，类似于苹果手机里 Siri 的升级智能版。

很多企业家认为创新很难，无所适从。

创新并不难，只是站在巨人的肩膀上进行再创新。

一切创新的背后，几乎遵循4个简单的逻辑——加减乘除。

### 1. 做加法创新

**新生的技术，都是在已有技术基础上做加法。**

苹果手机就是在现有技术基础上的重新组合。

汽车只不过是一个沙发加上4个轮子；卡车只不过是"平台＋货厢"；客运车只不过是"平台＋封闭带座车厢"。

最近流行的筋膜枪看似是个新物种。拆解之后，发现它也是重新组合的产物，只不过是按摩头加马达的组合而已。

所有的传统行业都可以运用互联网思维再做一遍。所有新技术都不是无中生有，都有一定的进化轨迹，都是从现存技术中做加法组合而来。无限组合，就有无限可能。

**创新就是做加法，将已有旧元素加起来，变成一个新事物。**

### 2. 做减法创新

**做减法创新，就是减去不重要的部分，留下核心的部分，也是用户最想要的部分。**

比如，智能手机，去掉多余的、不会用到的部分功能，只留下打电话的功能，就变成老年机和学生机。

比如，牛奶，去掉部分脂肪，就变成了低脂牛奶，适合减肥或者养生人群；大包装食品，减去包装的多余部分，就变成了小包装食品。

比如，航空客机，去掉头等舱、服务餐、服务员，只留下普通舱，就变成快捷低价的航班，比打车还要便宜，是飞在天上的"空中巴士"。这就是西南航空成功的要素之一。

### 3. 做乘法创新

**做乘法创新，就是基于过去，插上科技和时代的乘数，不断迭代升级飞跃。即重新演绎过去的事物，对过去进行颠覆。**

比如，人类货运就是不断升级的过程。刚开始是用陆地运输；后来是水路运输，运载量更大，速度更快；再后来是航空运输，效率更高。

做乘法创新，在这个领域可以应用，迁移到其他领域同样适用，实现从 1 到 $N$ 的跃迁。

比如，激光技术广泛应用在各个领域，在工作生活中，最常见的激光技术应用是激光笔、激光唱片等；在农业中，激光可以育种、除草、灭虫、检验作物基因等；在医疗中，激光可以用作钻头、手术刀、焊枪等；在军事武器装备上，激光可以用在坦克、舰艇、飞机等上，也可以用在雷达和激光制导导弹上；更高精尖的激光应用在光刻机上，它采用类似照片冲印的技术，把掩膜板上的精细图形通过光线的曝光印制到硅片上。

比如，园林电动工具，可以应用到不同的场景中，如可以割草的割草机、可以修树枝的剪枝机、可以采茶的采茶机。

### 4. 做除法创新

**做除法创新，就是消除行业及社会存在的难题，破除行业固有的藩篱，进行创新突破。**社会存在什么问题，就要想办法解除问题，这就是创新的价值。

1880 年，英国伦敦港是当时世界上最繁忙的港口之一，泰晤士河流经港口。但是货物过河只能通过狭窄的伦敦桥，来往两岸的几乎都是拉货的车，堵得水泄不通。于是当地人就开始想办法解决这个难题。

解决方案是开通水下隧道，可是泰晤士河的情况不容乐观：河底有非常厚的透水沙砾、牡蛎壳等，要保证隧道的安全就得往更深处打，但打得越深压力也越大，就会有坍塌的危险。此前的工程多半都因为渗水或坍塌而宣告终止。

这个时候，有一个名叫布鲁内尔的法国人，他曾经为皇家海军工作，他在造船厂里发现了一种神奇的动物——船蛆。船蛆虽然长得很像一条虫子，但是它是一种双壳纲的软体动物，算是一种贝类。它的两片贝壳在头部，在遇到危险的时候会用来堵住洞口。船蛆不仅会挖洞破坏木材，还会分泌出一种物质在木头洞壁上形成钙质的保护壳来防治木头膨胀挤压。布鲁内尔受到启发，构思出了盾构机。盾构机能够在向前掘进的同时保护工作面不发生坍塌，大大提高了隧道施工过程中的安全。直到今天，盾构法依然是隧道工程中的主流方法之一。

从船蛆到盾构机的出现，消除了社会性问题，并带来经济价值和社会价值。

比如，公牛安全插座创始人在创办公司时，就提出"做不坏的插座"，破除插座行业质量参差不齐的问题，消除人们对插座安全隐患的担忧。

产品饱和时代，谁有创新力，谁就能赢得市场份额。

# 互联网时代传播的7把利剑

没有传播就没有出现，没有出现就等于不存在。

互联网时代的传播不是砸钱越多越好，而是要学会掌握传播的7把利剑。

在信息纷繁芜杂的互联网时代，如何有效地传播就成了一个难题。

这就像在一个人很多的餐厅里，大家都要说话、聊天，你想要让你旁边的朋友听清楚你所说的内容，就不得不大声一点。而隔壁桌的情况也是如此，也不得不大声一点。当所有的客人都大声说话之后，整个大堂里的声音就会异常嘈杂。

此时的你不得不努力再提高声量，或者赶紧吃完离开。

这就是当今的媒体环境，盲目地提高声量只会淹没在嘈杂的噪声里，你的目标人群听不见你说什么，你可能费尽力气最后也只能痛苦地摇摇头。

太多的企业在做无效传播。即使在传播之前进行了这样或那样的分析，往往目标人群好像听到了，但实际上没有形成任何效果却导致几十万元、几百万元、几千万元甚至几亿元的传播费用打了水漂。

为什么找对了人，说对了话，却效果甚微呢？

其根本原因是在媒介传播上没有"穿透力"，导致传播无效或传播低效。

那么，什么是媒介传播的"穿透力"？

比如，还是在刚刚那个餐厅里，你和朋友说话的时候，你总是把头凑过去，他总是把耳朵伸过来，你再大声一点，声音穿过了噪声，他清清楚楚地听到了你要说的话。

你们这个下意识的动作就提高了声音的"穿透力"，媒介传播也是如此，让对方清晰接收的方法就是穿透力。

**在互联网时代，拥有穿透力的传播，才是有效的传播！**

怎样才能提升传播的穿透力，让传播更有效，避免传播费用打水漂呢？

7招教会你如何提升传播穿透力。

### 1. 区域市场——铺天盖地

一说到铺天盖地的传播，很多人一定是眉头一皱，脑海里立刻会浮现出公交、路牌、电视、广播、手机、电梯……到处都是广告的画面。心中在想，那要多少钱呀？怎么会有那么多钱那样铺天盖地地做传播呢？

但是你想过没有，虽然你无法在所有的市场做铺天盖地的传播，但局部市场呢？全国不行，一个省呢？一个省不行，一个市呢？一个市不行，一个县行不行？

在区域市场里，"铺天盖地"的传播会对你的目标用户产生强烈的震撼作用，可能你的一次"来势汹汹"能抵得上好几年的"润物细无声"。比如，河南某县的一个白酒企业，最初就是在一个县城做到了铺天盖地的传播，后来成为豫酒第一品牌。

### 2. 渠道触点——狭路相逢

互联网时代的媒体极具多样性，尤其是线上媒体。要想获得强大的传播"穿透力"，还可以在众多的传播路径中只选一条途径实施突破。

比如，某奶酪品牌最初上市的时候大约2亿元的传播费用都用在了电梯广告这一种媒介形式上。好听易记的儿童广告歌曲一遍又一遍、一遍又一遍地在电梯里重复播放，人们很快对这个品牌耳熟能详。

比如，某小家电品牌只在小红书上进行投入，每年投入数千万元。其结果是它在小红书平台的小家电品类中投放额度占比达到20%以上，受到了平台的强力扶持，又获得了消费者的关注，很快在小红书的圈子里变成头部品牌。

这两个案例都有一个共同的特征，就是"狭路相逢勇者胜"，都是锁定一个传播路径、依托一个传播平台，用最大的力量传播，用超过对手的力量传播，最终实现了消费者穿透。

### 3. 精准人群——水滴石穿

如果说"铺天盖地"和"狭路相逢"下的是大力气，不是一般人能够做出的决策，那么"水滴石穿"也是一种极具穿透力的传播策略。

南方有个卖咽喉含片的品牌，一直都在同一个电视台、同一个时间段播放同一条广告，一坚持就是几十年。别的企业可能会换一换媒体渠道，它不换；别的企业都会更新一下广告片，它不换；别的企业会考虑变动一下时段，它不换。就这样，在媒介人员除了付费不需要再做任何事情的情况下，这个传播策略对人们产生了巨大的穿透效应，让这个品牌变得家喻户晓。

无独有偶，还有一个卖椰汁的品牌，包装风格从来不变，但是在包装上只有一个东西在变，那就是 30 年、32 年、33 年、34 年，这个用包装纪年的传播策略效果非常好。

有一个卖老人鞋的品牌也是在固定的媒体、固定的时段面向老人持续传播产品功能，收到了良好的市场效果。

用一种显著的形式在一个相对固定的时间或空间内长期存在，长期就会形成"地标"效应，这种地标效应极具穿透力。

就像你和你的女朋友约会，你很可能会把一个"多年来一直发布一个品牌广告"的户外擎天柱广告当成地标，你可能会说："我们就在南广场那个饮料广告牌下面见！"

在传播策略上，沉住气、慢下来同样具有穿透力。

### 4. 争夺第一——顶天立地

**与对手决战，不要手软。**

**做品牌，不做第一，就做唯一！**

当市场发展到争夺第一品牌地位的时候，也就是与竞争对手决战的时刻，这时坚决不能手软，要采取"第一媒体"的传播策略。

无论这个时代如何变化，无论媒体声音如何嘈杂，央视一直是头部媒体。20世纪90年代，有一句话叫"广告一响，黄金万两"，说的就是央视广告的公信力和影响力。也正因为如此，一代又一代的"标王"崛起。2016年央视推出"国家品牌计划"，虽然上榜的大部分企业都是行业翘楚，但这一传播专题使那些企业的第一地位得到了进一步确认，可以说非常有效。

在央视黄金时间段进行传播本身就是品牌实力的体现。这种选择"顶级媒体"进行传播的策略本身就具有穿透力。

### 5. 关键节点——终端制胜

你是不是有过这样的经历，装修想去买一些瓷砖，但你也是第一次装修，并不知道什么品牌好，你对在互联网上做的一些基础查询也是将信将疑。等你来到建材市场时，一个巨大的广告牌就在建材市场的大楼表面，你内心很可能会觉得"它就是品牌"！

在客户进行消费决策的时候进行传播是"传播穿透力"极强的一种方法，很多消费者就在最后"临门一脚"受到了终端广告的影响。

比如，你在某平台上浏览商品，这个时候出现在横幅广告上的、排在搜索首位的、店铺销量单数比较多的……这些店铺可能都会让你觉得它是一个品牌。这就是在消费决策时刻，传播给你带来的影响。

公牛安全插座在所有卖公牛产品的五金店的店招上都印上了公牛的广告。最初只有几万家，后来十几万家，再后来几十万家、上百万家，最后几乎中国所有的五金店都挂着公牛品牌店招（图4-8）。此时，当你决定买插座的时候，你不买公牛的又会买谁的呢？

图 4-8

这就是终端传播的"穿透力"。

### 6. 移动社交——内容为王

移动互联时代催生了更容易产生"穿透力"的传播形式，即内容传播。一条短视频、一篇文章很可能掀起一场"传播风暴"，连续几个超过 10 万浏览量的内容甚至会使一个品牌快速崛起。

视频《啥是佩奇》是电影《小猪佩奇过大年》的宣传片，视频表达了爷爷对孙子的爱。《小猪佩奇过大年》这部电影的最终票房只有 1 亿元，但这个视频为中国移动所带来的传播效果却远超 1 亿元的传播费。

这些"内容"触动着人们情绪的敏感点，使人们主动转发，每时每刻都在自动地增加传播频次和影响力。

### 7. 公关造势——煽风点火

2023 年春节，一部充满争议的电影作品爆红网络。

有的人说拍得好，有的人说拍得不好；有的人质疑票房造假，有的人辟谣举证；有的人批评电影的价值观取向，有的人反驳说是歪曲解读。正方、反方，反反复复地撕扯，甚至说要对簿公堂。

这使很多人都想去看看这部电影究竟是怎么回事。结果无论最初的票房是真是假，这部电影最终以 45 亿元的收入、中国影史票房第六的地位收官。

这是一次成功的，通过调动舆论实现传播目的的案例。它的传播策略就是制造话题、放大话题，用"煽风点火"的策略掀起舆论浪潮，形成对潜在用户的心理影响。当你看到互联网上那些争论的时候，当你看着档期内那些影片名字的时候，你总是会不知不觉地点向它，这就是"煽风点火"所形成的"穿透力"！

7 招提升传播穿透力，你学会了吗？

# 第五章
## 战略的常识

如果没有战略，你将会成为别人战略的一部分。

如果战略错误，你将会被别人的战略吞噬掉！

# 战略决定命运：

### 战略赢就是大赢，战略输就是大输

为什么很少出现像任正非、马斯克、比尔·盖茨、乔布斯这样的商业精英？

因为多数企业都纠缠于策略，但强大的企业都有清晰且宏大的战略。

战略就像一把刀，如果你握的是刀背这一面，最坏的结果是保护你；如果你握的是刀刃那一面，最好的结果也会伤害你。所以，战略的好坏犹如你握的是刀背还是刀刃，不同的战略决定不同的命运，好的战略可以让小企业成为霸主，不好的战略会让霸主消失。我们来看看不同的战略是如何决定命运的。

你们知道蒋介石为什么输吗？

抗日战争胜利后，国民党兵力430万人，共产党兵力127万人。且不用说国民党还有强悍的美式装备，就算只靠人数碾压，国民党对胜利也是唾手可得。但双方的优势在两年后就发生了改变，1947年12月的会议上，毛主席指出："20年来没有解决的力量对比的优势问题，今天解决了。"

这两年发生了什么，竟然可以扭转局势？

**用一句话总结：蒋介石要地，毛主席要人。**

共产党打仗，目标是盯着人，主要歼灭国民党的生存力量，打得赢就打，打不赢就跑，留得青山在，不怕没柴烧。但国民党的目的以驱赶解放军、占领城市、维护占领区的安全为主，即便失去部队，都不会受到南京政府的惩罚。

所以在 1947 年，国民党带领 25 万人疯狂进攻延安的时候，毛主席果断退出延安，把地盘丢给了蒋介石。毛主席对于一些想不通的干部说："我军打仗，不在一城一地的得失，而在于消灭敌人的有生力量。**存人失地，人地皆存；存地失人，人地皆失**。敌人进延安是握着拳头的，他到了延安，就要把指头伸开，这样就便于我们一个一个地切掉它。"

从这里就可以看出毛主席和蒋介石选择的战略不同，毛主席的战略为获得胜利打下基础，毕竟人才是战争胜利的关键因素，没有人，地也是空地，没有任何用。

战略不同，结果也大相径庭，充分证明"战略赢就是大赢，战略输就是大输"的真理。

我们再来看看企业竞争，战略不同，结果不同的例子。

提起国美和苏宁，回忆就会被拉回到两大零售巨头之间的较量时期，双方之间的竞争一定有输有赢，但它们竞争的结果是让双方陷入泥潭，京东成为胜出者。

2000 年左右，国美和苏宁被称为零售业的"傲视双雄"，一举一动都影响着整个家电行业的命运，双方为了竞争还都提出过 10 亿元、20 亿元乃至 100 亿元补贴的促销资源，开启"全国大惠战"，把零售江湖搞得血雨腥风。

除了促销上的拼搏，双方投入资源最多的是抢占线下市场的地盘，认为谁能收购大中电器，谁就能成为真正的霸主。为此，仅有个位数资产的大中电器被双方炒到天价，最终被国美以 38 亿元的高价收购。

接下来，双方疯狂扩张。苏宁为了阻击国美的进攻，在老板张近东的带领下疯狂开店。2007 年，苏宁喊出"两年开满 200 家店"的口号。国美不甘示弱，在 2000—2008 年短短 8 年间，新开设 1300 多家门店。

国美认为自己开的店足够多了，直接提出兼并计划，张近东听后勃然大怒，断然拒绝国美的方案，召集骨干掀起轰轰烈烈的疯狂开店潮，截至 2018 年，苏宁门店数突破 1 万家。它们的一举一动可谓是有"指点江山，激扬文字，粪土当年万户侯"的霸气，但它们谁胜出了？

谁都没有胜出。但一个从宿迁到北京上学，没有资金，甚至连女朋友都拒绝和他一起创业的穷小子，从中关村批发市场的一个小门店，做成了 505 亿美元市值的京东，他就是刘强东。

为什么刘强东的京东在资金实力弱、起步晚的情况下，能超越国美和苏宁？

因为刘强东实施的战略是拥抱时代的力量，顺大势做大事，而国美和苏宁只是在下沉的船上相互格斗，打得你死我活，完全没有把时代发展的趋势放在眼里，即便双方能争出个输赢，也无法改变最终下沉到海底的结果。

**即便你可以与全世界最强的对手开战，但没有谁能抵抗住时代发展的趋势逆流而上。**趋势一旦爆发就不是线性发展，而是像滚雪球一般，任何没有跟随趋势发展的力量，在雪球来临时都会被碾压。

最后，我们再来看一个有关个人发展的战略不同、结果不同的例子。

我们来看看著名的"钱学森之问"。2005 年，温总理去探望钱学森先生时谈起教育培养的问题，钱学森先生指出问题的核心是："为什么中国出不了杰出的人才？"

直到 2010 年，温总理在北京大学又再次被学生问起相关话题："如何理解钱学森提出的'中国大学培养不出杰出人才'的问题？"

温总理的回答是："一是要让学生去想、去做那些前人没有想过和做过的事情，如果没有创新思维，绝不会成为杰出人才；二是学文科的要学一些理工的知识，学理工的要懂一些文史知识。"

中国对教育向来重视，从中国家庭父母的口头禅"砸锅卖铁也要送孩子读书"可以看出，家长们花重金为孩子报各种各样的培训班、补习班，目的是"不能让孩子输在起跑线上"。

过去从孩子进入学校的那一刻起，家长就对孩子说，要乖乖听老师的话，老师说的都是对的，以至于养成了孩子墨守成规、不敢提意见的性格；等孩子进入学校，考验孩子能否考入一所好大学，要看孩子死记硬背的能力，背古诗、背文言文、背方程式、背英语单词，从早自习背到晚自习，只要背对了、记住了，就能考出好成绩，所以孩子没有创新力。

我的孩子在上学时，有一天她的作业题目是"弯弯的月亮最像什么？"我家孩子的答案是"像香蕉"。但老师给出的答案是"小船"，这样的教育方式怎么可能让孩子具有丰富的想象力和创新力？

老师对学生常说的一句话是："这道题我都讲多少次了，怎么还不会，笨得要死。"家长对孩子常说的话是："我都说了不让你碰，不让你拆，你非要拆，这下好了吧，好好的电器拆完以后就成破烂了，卖破烂都不值钱。"

2023年4月，法国总统马克龙在中山大学演讲被学生问道："面向未来的人才应当具有哪些素质？为此，高校应该怎样培养学生？"

马克龙的回答是："一是要培养健全的人，给学生提供与时俱进的知识，不断审视人与知识的关系，我们不可能全知全能，需要掌握的是自我学习的能力，这是基本素质。

二是要有批判精神，不是为了批评他人、发表负面的意见，而是具有独立思考的能力，能够判断，能结合背景看问题，能退一步看问题，能看清本质，作为独立理性的个体来看待世界。

三是自信，教育的目的是赋予人自信，学生应当有团队合作的能力，学会适应艰难的环境。"

战略无论是对于个人之间，还是企业之间，抑或是国家之间的较量，都极其重要，只要战略正确，战略赢就是大赢，战略输就是大输。

# 没有使命，就没有战略

> 普通人没有使命吗？他们的使命是赚钱养家，照顾家人。商业巨星的使命是改变世界。每个人都有使命，只是使命有大小之分，如果没有使命，就不知道存在的目的，也不会有战略。

**使命是通向成就最伟大的路径。**

你问一个普通人，你有使命吗？

他会说："我就是个老百姓，我活着就行了。使命是那些大人物才配有的。"

你再问他："你为什么而活呢？其实，为什么而活就是你的使命。"

他会说："我上有父母需要赡养，下有小孩需要抚养。"

你对他说："你活着就是让老人老有所依，让孩子接受良好的教育，让他们顺利成才。这就是使命啊。"

有人问乔布斯，为什么要生产这个产品？

他说，世界上的产品大部分都是垃圾。他要生产一个产品，改变这个世界。

当苹果还是小公司的时候，乔布斯是如何招募百事可乐副总裁的？

他说："你是要一辈子卖糖水赚钱，还是要和我一起改变世界？"正是这句话打动了对方，乔布斯成功地把百事可乐的副总裁招在麾下。

在乔布斯看来，多卖一瓶糖水对世界并没有多大意义，但是多卖一部苹果智能手机，给人们带来极致的产品体验，方便人们的生活，对世界产生了巨大的改变。

再问山姆·阿尔特曼，为何开发 ChatGPT？

他把通过打工创业赚来的钱，全部投入到人工智能开发上面。连马斯克早期都认为这事不靠谱，放弃离开了。但是他用自己的资金，支撑产品的研发，最终吸引来巨额投资。他为什么这么做？

他说，我想改变世界，实现人机共生，像人与人对话那么方便，让人类受益。

虽然他们看起来行为独特，在投资者眼里却是稀缺资源。有个投资人引用一句名言解释说：理性的人适应世界，非理性的人让世界适应自己，因此，进步大多来自非理性的人。

**普通人的使命是为了家庭，幸福地活着。企业家的使命是改变世界。**

企业家，以人类整体命运为使命，通过产品创新改变世界。

但有些互联网企业在与卖菜的大爷大妈、小商小贩争夺最后的微薄利益。

鲁花在创立之初，始终坚持"绝不让消费者食用一滴不利于健康的油"为企业发展使命。

公牛插座创始人阮立平目睹国内插座质量参差不齐，存在巨大的安全隐患，于是在创立公牛时的初心就坚定一句使命：做不坏的插座！

**每个人都有自己的使命，普通人的使命就是让自己的生活、家庭变得更加美好，这就是对社会做出的最大贡献。真正成功的企业家，是将他的使命扩展到整个人类。**

# 战略的本质

> 一千个人眼中有一千个哈姆雷特，一万个人心中对战略有
> 一万种理解。战略的本质是让你不断变得更强大的逻辑，是在
> 使命感驱动下的宏大目标锁定和最优的路径选择。

我从 30 多年的管理咨询实践中，分析、总结了近千家平庸的企业和成功的企业，看它们的运作逻辑有什么区别。

本质的区别不是企业的人才管理、生产的成本控制与销售的问题，也不是产品的迭代问题，更不是产品品质本身的问题。

诺基亚的产品质量好到可以砸核桃。1994—2007 年，诺基亚迭代出十几款规格不同的手机，每款手机的通话质量都很好，待机时长可以达到一周，产品质量不好吗？但还是被淘汰了。

柯达直到破产前，还有 1 万多项技术专利，也有过在 3 年内卖出 2500 万台相机的销售业绩，无论是从技术，还是从销售层面思考，都没有出现任何问题，为什么做不到可持续发展？

根据我们的经验总结：**真正卓越的企业与普通企业之间的差距在于战略。**

一提到战略，有些人就说，我们是小企业，不需要战略，而且我们不懂什么是战略。

战略可以决定企业寿命。什么是战略？

战略包含如下 3 个要素。

（1）使命。企业存在的理由。

（2）目标。使命驱动下的选择。

（3）路径。目标引领下，找到最适合企业发展的恰当的方法。

优秀的企业都是如何做的？

**使命有高低，越优秀的企业，使命感越崇高**

有人说使命是大人物的事，我没有使命。

我问一个学生："你没有使命，那你为什么还活着？"

其他学生说："路老师，你怎么问这么歹毒的问题？"

我笑笑没说话，因为每个人都有使命，被问的学生想了想回答我："因为父母没人养。"

所以，**所有人都有使命，每个人都有存在的理由**，只是干成大事的人的使命感更强。

什么是大的使命感？什么是小的使命感？

要先了解使命的要素是什么，才能明白大的使命感与小的使命感之间的差别是什么。

使命的要素是相关性，即你的使命与多少人有关。

**普通人通常关注的都是个人利益、个人的幸福指数，再高一层级，会关注家族的命运发展，但这都是小的使命感，以自我作为核心点，连接、帮助的人很少。具有大的使命感的人，他的使命与很多人有关，他希望让一个行业，乃至一个民族、国家，甚至是让整个世界变得更美好，所以使命感越崇高的人，连接、帮助的人越多。**

鲁花是怎么成为知名品牌的？它的使命层级能达到哪一层（图 5-1）？

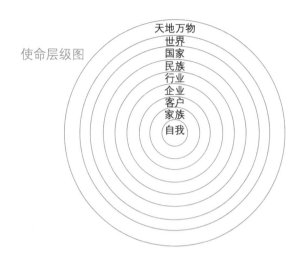

图　5-1

鲁花刚成立时，市场上的油大多是散装油，卫生标准差，油脂里还含有磷脂杂质和黄曲霉素，对人体产生严重的危害。鲁花的老板孙孟全说："绝不让消费者食用一滴不健康的油。"

为此，鲁花（图5-2）从小包装开始，提高卫生标准，用时6年，广发"英雄帖"邀请全国各地的专家指导，历经无数次挫败后，研发出的5S物理压榨工艺，不仅能去除黄曲霉素，还能留住花生的浓香和营养，只为给消费者生产一瓶健康的花生油。鲁花改变了行业现状，具有守卫民族健康的使命感。

图　5-2

再来看我们团队服务过的公牛集团。20世纪90年代,公牛创始人阮立平在慈溪做插座推销员,他发现,有些插座厂家为了节省成本偷工减料,很多插座都无法达到国家标准。伪劣产品一旦发生漏电,后果往往很严重。他把问题告诉厂家,希望它们能对产品进行整改,但收效甚微。

阮立平只好一边当销售员,一边充当售后员的角色,帮客户修理插座。后来他想:"既然不能劝说别人,那就自己进入这个行业改变现状,为什么不能造一个用不坏的插座呢?"

阮立平毅然决然投身插座行业,严格要求产品质量,让公牛的插座穿上3重防护甲(图5-3)。

第一重防护甲:双向阻燃外壳,650℃高温防火。

第二重防护甲:强劲弹性,5000次插拔不松动。

第三重防护甲:低阻减热,长时间通电不发热。

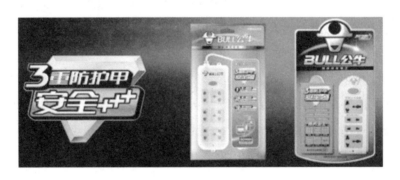

**图 5-3**

直到今天,公牛安全插座的技术还是全世界领先的。减少由插座引起的火灾,充分保护消费者的安全,改变整个行业现状,成为民族品牌标杆,这就是阮立平的使命感。

鲁花和公牛的使命是让行业和民族变得更好。但还有人,他们的使命更崇高,渴望让整个国家,乃至整个世界都变得更美好。

比如,乔布斯,他说自己不是造手机,而是改变人们的生活方式。

乔布斯给中学生做演讲时就曾说过:"你们是第一代在计算机环境中长大的孩子,我们提供了什么样的计算机直接影响你们从小到大的品位。"

乔布斯是这么想的，也是这么做的，他的使命是要做有品位的产品，要让世界变得更好，要引领下一代的审美发展。他研发的苹果系列，无论外观还是系统，都完美得无可挑剔。

所以，**真正伟大的企业，通常都有一个崇高的、渴望让世界变得更美好的使命，而使命感越崇高的人，越能惠及更多的人。**

但仅有崇高的使命感还不够，还要有具体的目标，才有方向和驱动力。

### 2. 目标有大小，伟大的企业都敢于挑战宏大的目标

目标和使命一样，每个人都有。

学生天天背书，目标是考上一所好大学；快递员和滴滴车司机每天赶时间多接单，目标是多赚点钱；生产商每天不停地生产，目标是通过产品换取更多的资金，让工厂生存下来。唯一不同的是，目标有大小之分。

就像高考，有些学生的目标是考上清华大学、北京大学；有的学生希望考上重点大学；还有的学生因为成绩不好，希望自己能考上大学就行。

再以旅游公司举例：有的旅游公司，带着游客在周边游，这是小目标；再大点的旅游公司，带着游客省内游，这是中型目标；还有的旅游公司目标更大一些，带着游客在国内游；也有一些公司带着游客跨境游，这是大目标。

还有没有更大的目标？

有，马斯克创建太空探索技术公司（SpaceX），打造可以回收的火箭，目标是把人类送上太空。

所以，目标也有大小之分，但普通人通常只想简单、轻松地完成小目标，只有像马斯克这样的人物，才敢挑战大目标（图5-4）。即便挑战宏大目标的过程就像攀登珠穆朗玛峰一样，山峰的高度让人产生眩晕和恐惧感，但伟大的企业永远都敢接受挑战。

例如，做动画的企业、做游乐园的企业都有一个共同的目标——让客户感受到快乐。迪士尼的目标是"让全世界的人都快乐"，目标是不是更宏大？

迪士尼从动漫出发，为孩子们打造《美人鱼》《狮子王》《白雪公主和七个小矮人》等作品，让孩子们沉浸在童话世界里；其打造的迪士尼，每座园区都耗资几百亿元，从大型游乐设备，到打造梦幻般的城堡，再到斥巨资准

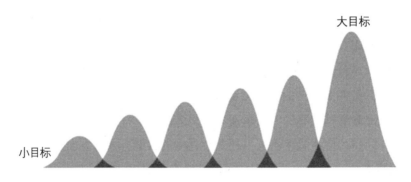

图　5-4

备的烟花秀以及唐老鸭、米奇、白雪公主等人偶演员的出现，无论是孩子，还是成年人，从踏入迪士尼的那一刻起，都能感受到纯真与欢乐。如果孩子没办法、没时间看动漫或去迪士尼，迪士尼把动漫里的所有卡通形象都制作成玩偶，让家长们以最简单的方式让孩子拥有快乐的童年。

所以，伟大的企业都有一个比同行更宏大的目标，中国有没有企业的目标很宏大，让人们感到敬佩？

有。

同仁堂有300多年的历史，成为消费者口中"买中药，一个是同仁堂，另一个是非同仁堂"的知名企业。

中国有5000年的中医药历史，但为什么同仁堂在时间的洪流中存活下来？

因为同仁堂很早就提出，成为"中国中药行业第一品牌"的目标。

为此，同仁堂在《同仁堂药目》的序言中承诺："炮制虽繁必不敢省人工，品味虽贵必不敢减物力，可以质鬼神，可以应病症。"

同仁堂使用的药材"不怕价高，但求货好"，人参用吉林的，山药用河南的，枸杞用宁夏的……每种药材都讲究"地道"。同仁堂在全国建立了12个药材基地，是整个中药链条最完整，涉及原材料生产、加工、销售，还有中医坐堂诊治的中药行业著名的老字号。

鲁花曾经提出要做"中国食用油第一品牌"的目标，2017年，根据市场份额占比，已经完成挑战；公牛要做中国最大的开关插座品牌，早在2001

年，公牛插座就已经占据国内 20% 的市场份额，实现了目标。

一个企业连目标都没有，就像无头苍蝇没有方向。**目标是指引企业航向的灯塔。**

企业只要有了使命感和目标，就能变得卓越，就能实现可持续发展吗？

未必！

**3. 路径是完成目标的通道，但有难易之分**

什么是路径？

**路径就是当你有了目标以后，具体应该做什么才能更快、更轻松地实现目标。**

假设你想从北京回老家，怎么完成目标？

是坐飞机，还是坐高铁，抑或是坐公共汽车一站又一站地换乘，或者是骑共享单车？

无论选哪一个都能完成目标，但你要在对和对之间做选择，有些路径走起来很难，有些路径会让你很轻松地完成目标。

如果你有足够多的资金，坐飞机对你来说最合适，因为效率最高；如果你的钱只够坐高铁，那你就不能选飞机，不然还要借钱，完成目标的阻力加大，执行困难，所以在这种情况下，坐高铁最合适；如果你不追求效率，渴望在途中看到更多的风景，享受休闲式的旅程，你就可以选择公共汽车或骑自行车。

**所以，你要选择的路径相比其他路径而言，要适合你，并且是阻力最小、效率最高、成本最低的方式，如果选择的路径不合适，阻力就会加大。**

下面举两个例子，看看大企业为了完成目标，是如何选择路径的。

第一个例子是亚马逊。1994 年，贝佐斯开始创业，他给企业起名叫"亚马逊"，希望企业能像亚马孙河一样庞大，做成"全球最大的电商巨头"。

当时的互联网还处于蓝海阶段，贝佐斯决定卖书和音乐制品。因为书的标准化高，种类丰富；音乐制品的种类少，发展潜力大。所以，贝佐斯的路径也是基于"阻力最小、效率最高、成本最低的方式"做选择。

为了实现目标，贝佐斯在亚马逊多年亏损的情况下，坚持提供"无限的产品选择""最低的价格""快速的配送方式"。为此特意打造超值会员服务，提供各种免费产品吸引消费者成为会员，用户量增加后，亚马逊吸引更多的商家入驻，提供更丰富的产品。为了做到"最低的价格"，亚马逊把50%以上的图书和音像制品降价20%～30%；为了提高配送时间，投入3亿美元建设物流中心。

在3个路径的选择、坚持下，亚马逊有6000多万名会员，200万个第三方商家，物流速度也越来越快，最终完成要成为"全球最大的电商巨头"目标。

再回头看鲁花，其目标是成为中国食用油第一品牌，但孙孟全不是富二代出身，也没有足够多的资金投入，可是生产健康的花生油需要优质的原材料，孙孟全找到温家宝总理斗胆为农民要种花生的补贴。之后，鲁花还从事花生良种的引育试验、生产示范，并把技术提供给老百姓，扶持他们种植优质花生。

有了优质的原材料，还要有好的生产技艺，所以就像前文所讲，鲁花历经6年时间，终于研发出5S物理压榨工艺，生产出一瓶健康的花生油。

鲁花完成从育种、种植、采收、加工、研发的全产业链条用了几十年时间，但如果鲁花有足够多的资金，也许就不用要补贴，不用自己建产业链，只要拿钱投资就行，但鲁花基于现实条件，只能选择这条路径。

自古以来，鸟因为有翅膀，所以能在天上飞；鱼因为有鳍，所以能在水里游；狼因为有健硕的四肢，所以能在地上跑。猫有猫道，鼠有鼠道，各自都有各自最合适的生存路径。

**由此可见，卓有成效的企业，都是在崇高使命感驱动下的宏大目标锁定和最优的路径选择，确保了企业可持续发展，这就是伟大企业的成功战略。**

所以，**战略＝使命＋目标＋路径**！

# 战略型企业

> 企业分两种，一种是战略型企业，另一种是机会型企业。大多数企业都属于机会型企业，哪里有机会，就奔向哪里，哪里有钱赚，就蜂拥而上，导致企业扎堆化、产品同质化，打价格战的话，最终无利可图。这是很多企业的宿命。而优秀的企业都不被外界利益诱惑，在专属赛道上十年如一日地深耕，这就是战略型企业的特征。

想知道什么是战略型企业，先要知道什么是非战略型企业。

我的一个学生，用 20 年的亲身经历阐释非战略型企业的本质。

他跑到北京，坐在我的办公室，愁眉苦脸地问我，他奋斗了 20 年，为什么还没有成功？

他说："我经商讲人品，有诚信，对员工和客户都有爱心，做事勤奋，也追求创新，但为什么辛苦了 20 年，到头来还是两手空空？"

我问他："这 20 年来，你做的什么行业？"

不问不知道，一问吓一跳。

他双眼发光，神采奕奕地说："路老师，我做过的行业可多了，经验非常丰富。我刚毕业时，互联网行业风起云涌，为了不错过风口，我向父母借钱开了一家互联网团购公司。但当年百团大战，我没有干过美团，后来我仔细想了想，互联网属于虚拟经济，不像实体经济感觉踏实，所以我又开了一家餐饮店，但生不逢时，客户都在美团上订餐，我的生意很惨淡，就这样做了半年，我果断不做了。"

从这段话，我开始察觉到他没有成功的原因。等听他说完 20 年的历程，我更肯定了我的想法，他的行为简直令我诧异。

他说："我发现人们越来越喜欢有机农产品，但市场上能满足客户需求的有机农产品量少，所以我和朋友在北京郊区租了 20 多亩（1 亩 = 666.7 平方米）地，亲自搞种植。但想着容易做着难，有机农产品的成本高、保质期短，再加上我们没有销售渠道，导致很多瓜果蔬菜都烂在地里。就这样，我投资的几百万元都打了水漂，所以我又转行了。

"我看到健身人群越来越多，就做起了蛋白粉的代理，结果供货商出事，产品被客户质疑质量，我囤的货全都卖不出去。直到疫情来临，我发现口罩是紧俏货，又借钱在老家开了一家口罩厂，一开始是真的有钱赚，但才经营不到一年时间，疫情放开，现在有些人出门都不戴口罩了，再加上口罩行业的竞争压力变大，已经没有利润可赚，所以我现在来找你了，请你教教我接下来怎么办。"

我听完他的话，觉得他前后进入 5 个行业很辛苦，但也很可气，从来没有在一件事上专注过。

他是典型的"抓机遇"，看哪个市场和行业有机会，不考虑自己的核心竞争力、已有资源、个人能力、竞争对手的发展情况，以及自己是否擅长这个领域等，只要看到风往南刮，他就往南跑，还没等跑到地方，看到风往北刮，又往北跑，结果是绕了一大圈，什么风都没追到，竹篮打水一场空。这就是非战略型企业。

与非战略型企业相对应的是战略型企业，战略型企业是什么样的？

**战略是选择，是根据自己的能力、资源优势、市场需求、竞争格局等条件匹配最适合自己发展的赛道，再用 5 年、10 年，乃至 20 年的时间在这条赛道上深耕，用持续的力量推动自己前进，直到战胜大多数对手。**

那些听起来强大又令人羡慕的企业，都是做了战略选择，在专属赛道上聚焦资源，努力了 5 年、10 年，甚至是更长时间后才获取成功的。

比如，史丹利复合肥企业，创办于 1992 年，距今已有 30 多年时间，而它从未改变过赛道，只研究、生产化肥，所以才有了无论是"70 后"，还是"80 后"，抑或是"90 后"都听过的"黄土地，黑土地，施肥就用史丹利"的广告语。

有人可能认为生产化肥很容易，不需要技术。

仅我个人所知，史丹利的化肥之所以能远销美国、日本、澳大利亚等 130 多个国家和地区，是因为史丹利从农用肥到园艺肥，都坚持用顶尖实验室做研究，申报的国家专利达 81 项，授权专利达 53 项。

史丹利在一个领域摸索 30 多年，凭借优质的产品获得认可。

同样，东阿阿胶作为国人耳熟能详的品牌，它是怎么铸就辉煌的？

相比于史丹利，东阿阿胶的历史更悠久。

从 1952 年建厂，东阿阿胶已有 70 多年历史，但无论时代怎么转变，社会如何发展，东阿阿胶都在埋头苦守用驴皮熬一块滋补好胶。

70 多年前，东阿阿胶只有 8 名员工时，坚持产品要做得"地道"——"不省人工，不减物力"。直到 2006 年，驴皮越来越少，东阿阿胶为坚持阿胶质量不打折扣，自建毛驴养殖基地，再加上 70 多年来，始终坚持传统的 99 道熬胶工序，产品质量无可挑剔，远销东南亚、欧美等西方国家，还成为医药界的"茅台"。这就是东阿阿胶的战略选择——只在阿胶领域深耕！

海尔之所以能成为全球大型家电第一品牌，也是因为从它创立起，到现在近 40 年时间里，只专注于一个赛道——生产大型家电！

在一些企业看到什么火就做什么的时候，海尔潜心钻研技术，与时俱进，创新产品，无论是空调、冰箱、洗衣机，还是其他产品，都有核心竞争力，最终成为家电市场的领军品牌。

有人说中国企业的成功源于在一个赛道深耕，西方企业也是如此吗？

是的。

西方企业总能在国际舞台上大放异彩，也和只专注一个赛道打造竞争力有关。

耐克诞生于 1964 年，市值高达 1745 亿美元。

回看耐克的发展史，创始人比尔·鲍尔曼和他的学生菲尔·奈特，皆因为热爱体育，为了给运动员提供最好的体育用品而创办公司。

从创立之初，鲍尔曼就专注于运动鞋设计，直到《阿甘正传》中阿甘穿的鞋第一次带火耐克，再到耐克研发出气垫鞋、乔丹鞋，又在近几年设计出火爆到花钱都未必能买到的 AJ、Dunk 等新款运动鞋，足以说明耐克在 60 年的时间里，在做好战略选择后从未有过改变，持续在运动品领域做创新、研发，所以耐克才有机会，成为一个给消费者精神赋能的运动品牌。

虽然德国只有 8000 多万人口，却有 1000 多家百年企业。

它们能长盛不衰的一个原因，也在于德国企业做了战略选择，坚守一个领域，聚焦资源，成为某一个行业的佼佼者。

你知道德国制造业的首富是谁吗？

雷诺德·伍尔特！他的身价高达 297 亿美元。

雷诺德是德国企业家，有着"世界螺丝大王"的称号，是伍尔特集团的幕后老板。

伍尔特集团，诞生于 20 世纪 40 年代，专注于生产工业配件，核心产品是紧固件，包含螺丝、螺丝刀、螺母、螺栓等看起来不起眼的小产品。

伍尔特集团在紧固件领域钻研了近百年时间，把螺丝做到不可替代。

中国汽修师傅说："螺丝分两种，一种是伍尔特螺丝，一种是其他螺丝。"

无论是奔驰，还是保时捷，抑或是宝马等欧洲众多著名汽车品牌，用的螺丝都来自伍尔特集团。

儿童玩具、石油、天然气、电力、航空航天、机械制造等领域的知名企业都在使用它的工业配件，其产品专利有 100 多项。

这就是伍尔特集团，在一个领域深耕，把工业配件做到极致，年营收达到上千亿元，是世界 500 强之一的企业。

再来看一个让你更惊讶的隐形冠军。

说起超市、酒店、物流、机场、高铁等各行各业使用的手推车，你不陌生吧，但你知道它们都是哪家企业生产的吗？

德国旺众，一个成立于 1918 年的百年企业。

无论你逛的是家乐福，还是物美、盒马先生或京东等商超，你看到的手推车，都是旺众生产的。

在 20 世纪，超市数量稀缺，还没有手推车的时代，旺众就构思，未来超市的数量一旦增加，人们购物必然讨厌手拎物品，需要一种更方便的手推车。

所以旺众从创立的那刻起，就开始研究、生产、创新不同颜色、材质、款式的手推车，满足中国、澳大利亚、菲律宾、中东等 130 多个国家或地区的需求，如今，旺众的手推车占据全球市场份额的 50%，成为全球最大的购物及行李手推车生产商。

无论是国内的知名企业，还是美国的耐克，抑或是德国的伍尔特和旺众，它们都是在一个领域深耕，把"聚焦"与"高度专业化"作为发展的底层逻辑，集中资源、精力聚焦在一个赛道上，研发专利，创新不可复制的技术产品，最终在商业竞争中以及时代的变革中成为先驱和百年领袖。

# 战略的底层逻辑

战略的底层逻辑是确保你不会变得糟糕的能力，看似容易，却恰恰是最难做到的。比如，小学生都知道打游戏不好，但他们还是熬夜打游戏；所有人都知道吃垃圾食品不好，但还是喜欢那个口味。确保你不会变得更糟糕的能力，是专注、自律，对企业家而言，是要有自己的专属赛道。

只要谈到战略，必定会有人提起"顶层设计"，顶层设计就是设计企业未来的样子。就像在建造人民大会堂之前就要让人们看到它巍峨壮丽的样子。

建筑都是建立在看不见的稳固地基之上的，如果地基不稳或者塌陷，就无法支撑地面之上宏伟壮丽的建筑。

同样，战略顶层设计是建立在至关重要的底层逻辑上的，底层逻辑类似于人们看不见的地基部分。

**战略底层逻辑就是确保情况不会变得更糟糕的能力。**

很多人会说，人生不是每天越过越好吗？明天怎么会比今天更糟糕呢？

我们来看 3 个不同的例子，分别从国家、个人、企业家 3 个不同的层面分析，看有了顶层设计，是不是就能过得越来越好。

国家层面：秦始皇曾提出要统一天下，让天下不再有战争，重归和平的美好理想，但现实是秦始皇在全国人口不到 3000 万的情况下，历时 35 年，用 70 万人修建阿房宫；历时 39 年，每年用 70 多万人修建皇陵；历时 10 多年，用 100 多万人修建万里长城。

秦始皇用整个国家的民力、财力支撑个人和子孙后代的昌盛，导致民不聊生，各方势力聚合反秦，如农民起义、项羽火烧阿房宫。所以，秦始皇让大秦帝国一天比一天更好了吗？

个人层面：在《人民的名义》里，赵德汉出生于贫穷的农民家庭，当上某部委处长时，想的是为人民服务，做个清官、好官，但他贪污 2 个多亿元被判无期徒刑，他变得越来越好了吗？

企业家层面：企业经营的目的都是赚钱、做大，这无可厚非，但如果一个企业靠破坏环境获取利润，会怎么样？

2023 年 6 月，咸阳市一家矿业有限公司，把污水排进河流被居民举报。结果是，不仅被罚款 65 万元，还有 20 多个人受到处罚，严重者被行政拘留 15 日。这家公司的状况越来越好了吗？

从上面 3 个案例可以看出：秦始皇的失败，是失去民心，摧毁国家昌盛发展的底层逻辑；个人不能长远发展，企业受损，是验证"德不配位，必有灾殃"的底层逻辑。

由此可见，**所有未来的成功都要建立在稳固的地基之上，地基若不稳固，一切顶层设计都是白费，未来不会越来越好。**

但说着容易，做着难，无数人都被诱惑瓦解掉了地基。

（1）每天刷抖音、快手、综艺和无脑神剧，直到凌晨一两点才依依不舍地睡去，第二天脑袋昏昏沉沉、浑浑噩噩地工作。

（2）跟一群酒肉朋友学抽烟、喝酒、打麻将，把自己变成一个只会娱乐、不会思考的"从众人群"。

（3）与糟糕的人为伍，抱怨社会不公、努力没用，梦想轻松成功、巧妙发财。

（4）被各种促销、打折活动引导，购买假冒伪劣以及各种不需要的产品，消耗时间和精力。

（5）东一榔头，西一棒槌。

我有个学生，抓住互联网机遇做 P2P 赚了些钱，等疫情来临的时候，立刻做口罩，等他发现口罩同行越来越多，竞争压力大的时候，又投入美容行业，但干了两三年，觉得要建渠道太麻烦，又不干了。

他问我："路老师，你有没有快速发财的方法？"

我笑笑没说话。他从来没有在一条专属赛道，打造让自己变得越来越好的能力，一直以来只想站在风口乘势而飞，只想轻松地赚快钱，但赚快钱的机遇一旦过去，他就没有了和别人竞争的能力，生存越来越难。

所以，即便在每个人都给自己设计过美好未来的情况下，也会被无关紧要的、不正确的事消耗掉时间、精力、资源，应该怎么避免消耗，确保情况不会变得更糟糕？

下面有 4 个底层逻辑思维（图 5 - 5），让你不做消耗或摧毁你自己的事。

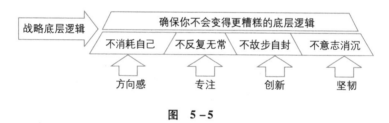

**图 5 - 5**

### 1. 方向感是确保你有做正确事的底层逻辑

有个叫比塞尔的村庄，靠在一片 15 平方千米的绿洲旁，从这里走出村庄要 3 天时间。在英国学院院士肯·莱文发现村庄前，从没有人走出去过，原因是他们不认识北斗星，也没有导航仪，在一望无际的沙漠行走，每次都会在原地打转或回到起点。

当肯·莱文告诉他们通过北斗星能辨别方向后，比塞尔人不仅走出了村庄，当地还成为旅游胜地。而每一个到比塞尔的人都会发现一个纪念碑，上面刻着："新生活是从选定方向开始！"

所以，很多人没有成功，不是不愿意尝试或没有能力，是没有方向，在原地画了很多没用的圈。

**方向感是指引你做正确的事，避免无用的投入消耗能量。**

## 2. 专注是最省力地获取成功的底层逻辑

巴菲特在总结自己的成功要领时，写过一个词：专注！

事实如巴菲特所说，他一生都专注于股票研究，为此每天花 6 个小时阅读和学习所有与股票投资相关的书籍，用几年甚至十几年的时间调研市场，寻找合适的投资项目。

**每个人都想成功，却没有意识到成功最省力的方式是"专注深耕"。十年如一日地专注，水滴能穿石，三心二意的结果是什么都得不到。**

## 3. 创新是抵抗市场风险的底层逻辑

当美国不再向中国提供芯片后，中国有不少通信企业都生产不出新手机，发展停滞不前。原因就在于它们习惯了模仿、复制，丧失了抵抗市场风险的能力。但是有一家企业成功突围，那就是华为。

可怕的是，有人说自己所在的行业很成熟了，没有什么能创新的。

在戴森的吹风机没有进入市场前，所有人都以为吹风机只能是大型、笨重、黑白灰颜色的，但戴森的吹风机打破固有思维，不仅采用镂空设计，而且小巧精致，颜色也变得丰富多样。

**没有创新的企业是故步自封，封住了通往美好未来的路，唯有创新才能越来越好。**

## 4. 坚韧是面临困境崛起的底层逻辑

了解稻盛和夫的人，都知道京瓷的成功源于他坚忍的意志。

稻盛和夫创办京瓷后，曾有过 5 次大型经济危机，企业亏损到连灯都只能开一半。在面临倒闭的情况下，稻盛和夫每次都在困境里想办法：没有业绩，就让所有员工销售产品。他坚信萧条期是增强企业体质的好机会，坚持做产品研发，生产用在鱼竿上的陶瓷导向圈，每月销量高达 500 万个，为企业带来可观的效益。

**无论是谁，若遇见问题就意志消沉，大概率是让坏情况越来越坏，但如果有坚忍的意志，也许还有枯木逢春的机会。**

**底层逻辑就是让你明白做什么是错的，确保你的情况不会变得更糟糕。**

# 战略顶层设计：
## 未来的样子

战略顶层设计就是构建你对未来的美好想象，就像你要盖房子，要先有图样。未来的样子越清晰、越美好，对你产生的驱动力和召唤力就越强大。成功的企业都有自己的战略顶层设计，也可以说是将未来的成功放置到眼前驱动你前进。

什么是顶层设计？

举个例子：小时候，你的父母有没有对你说过要好好学习、用功读书，将来才能考上清华大学、北京大学？

为什么一定要考清华大学、北京大学？

因为父母认为，只要你拿到这两所大学的录取通知书，就代表你5年、10年以后的人生会比普通人更轻松。等你毕业的时候，不用辛苦找工作，大公司都会用高薪主动聘请你，前途一片光明，不用为以后怎么生存而发愁。

这就是顶层设计，你的父母提前为你设计好了未来。

同理，顶层设计对于企业而言，也是设计好未来5年乃至10年后的样子（图5-6）。

为什么要设计长远的未来？

假设建造一座大楼，没有设计图样，不知道大楼建成后的样子，会得到

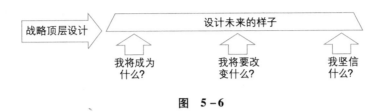

图  5-6

什么结果？

凭借施工师傅的经验，有可能把大楼盖成五角形、梯形、三角形等既不适宜居住又丑陋的形状。

如果一个学生没有设计未来，会是什么样？

上学的时候，开心了就好好听课，不开心就上课睡觉，每次考试只能勉强拿个及格分，考个普通的初中，再考个普通的高中。等到高考时因为成绩差，考不上一流大学，那就考二流、考三流大学，反正是脚踩西瓜皮，滑到哪里是哪里。

好不容易达到一所本科院校的录取分数线，选专业的时候，一看感兴趣的专业录取分数线高，只能再退而求其次选个差不多的专业。

等大学毕业该找工作了，却发现所学专业毫无竞争力，只能海投简历，哪家公司收留，就去哪家公司工作。这是一种典型的在没有设计未来的前提下被推动、被控制的人生。

再来看没有设计未来的企业，会是什么样？

与找不到工作的孩子相比，另一种比较有趣的现象是：有一部分孩子有稳定的工作，却总跳槽，以至于让企业都焦虑，为什么员工的离职率居高不下？

其实是企业没有给这些孩子设计一个未来。

跳槽的孩子想："我在这家企业升职空间小，学到的东西又少，虽然能暂时赚到一些钱，但等岁数再大一点，我还有什么竞争力？我的未来会不会变得很糟糕？"

所以员工们无法安稳地工作，频繁跳槽，渴望找到一个5年、10年后还能让自己拥有竞争力和生活保障，能设计好未来的企业。

**没有设计未来的个人，通常是走一步看一步，得过且过，终身忙碌却不得要领。**

**没有设计未来的企业，通常无法让员工看到希望，以致流失人才。**

与之相反，一个企业若是设计好了未来，拥有清晰的方向，更会让员工有希望和工作的动力。

那些现在看起来很好的企业，在创立之初一穷二白的情况下，都已经先设计好了一个宏大且美好的未来。

亚马逊的老板贝佐斯在创业前是金融机构最年轻的高管。从现实的角度看，贝佐斯有名誉，也有金钱，是很成功的人。他在上网冲浪时发现使用互联网的人数以每年2300%的速度在增长，他非常想创办一家与互联网相关的企业。

由于他已经获得成功，所以他的老板和朋友们都不支持他创业，但他希望做一家"地球上最大的书店"，为此他还起好了企业的名字——"亚马逊"。

为什么叫"亚马逊"？

因为亚马孙是世界上水流量最大的河，比尼罗河、长江、密西西比河的流量总和还要多，相当于7条长江的流量。他希望未来的事业如同庞大的亚马孙河一样壮阔。

这就是贝佐斯在什么都没有的情况下，为自己设计好的未来的样子——像亚马孙河一样宏伟、壮阔的商业帝国。

再来看扎克伯格，一个被称为"盖茨第二"的人物，为什么创建Facebook？

扎克伯格的性格是公认的内向，公开讲话时会紧张，身体甚至会轻微颤抖，在大学时和女孩讲话都会脸红。他思索那些和他一样，不擅长社交的年轻人怎么办？

不社交就无法建立正常关系，更无法结婚生子，社会的发展怎么办？

当时的互联网已经很发达，人们可以在网上找到需要的东西，但却没有建立人与人之间的关系。

所以，他创办Facebook的动机是：渴望通过网络把人们连接在一起，给予不擅长社交的人一个沟通交往的机会，这就是他为Facebook做的顶层设计。

有了购物的网站，还有可以社交的网站满足人们的衣食住行和交往需求，有没有哪家企业是满足人们的出行需求的？

福特！

现在提起汽车，人们觉得满大街都是，没什么好稀奇的。但在 1903 年，汽车还没有批量生产，只有高官显贵才能买得起一辆汽车，老百姓只能羡慕，却无法拥有。

这时，远在英国一个叫亨利·福特的人改变了人们的出行方式。

亨利·福特曾在创办福特公司前和同事成立了底特律汽车公司，由于制造成本高导致公司破产。

1903 年，他创办福特汽车公司，立志要制造一辆生产成本低，能让大众都买得起的平民车，让人们的出行更方便。

听起来很不可思议，同行也充满质疑，但这就是福特做的顶层设计。

为此福特制造出世界上第一条制造流水线，每一个组装人员各自负责汽车组装过程中的一个工序，一个工序完成后转送到下一个工序，不仅生产效率高，还节约成本。

当时汽车的普遍售价是 4700 美元一辆，相当于一个高管 5 ~ 6 年的收入，福特的 T 型车却只要 850 美元，质优价廉使得 T 型车共售出 1500 万辆，缔造了一个至今仍未被打破的世界纪录。

再来看马斯克，一个从支付领域跨界到出行、航空航天、互联网等多个领域的企业家，是如何通过做顶层设计获得成功，并成为众人崇拜的对象的？

（1）你知道支付宝，但你知道 PayPal 吗？PayPal 是由马斯克创立的比支付宝早 6 年的全球在线支付系统。

马斯克为什么要研究 PayPal？

因为在 2000 年左右，人们的支付方式还很传统，不是靠现金，就是靠刷卡，马斯克想：能不能为人们提供一种既简单又方便的支付方式？所以才有了 PayPal，这也是 PayPal 的顶层设计，改变人们的支付方式。

（2）马斯克为什么创办 SpaceX？地球的环境污染越来越严重，越来越多的人相信也许有一天地球会毁灭，若地球毁灭，人类该何去何从？

于是，马斯克研究可回收的火箭，如果地球毁灭，带着人类完成移民火星的计划，保留"火种"，确保人类在另一个星球也能生息繁衍。

（3）特斯拉的诞生只是因为马斯克的创新欲望吗？地球污染的一个重要来源是石化燃料汽车的排放。为此，他研究新能源汽车，对外开放特斯拉的所有专利，让每一个国家的汽车生产商，都能学到生产新能源汽车的技术。

（4）提出星链计划，打造宇宙互联网。2015 年，马斯克提出要在太空部署 4.2 万颗卫星的计划，目的是为人类组建一个庞大的宇宙通信系统，让人们无死角地使用网络，让贫穷的孩子也能使用网络。

回看马斯克的 4 家公司，都有一个共同的顶层设计——思考地球的发展、人类的命运。

看完这几家企业的顶层设计，如果你再问我，什么是伟大的企业，我会回答：那些一开始就设计好未来，朝着未来行驶的企业。

# 真正的商业高手是"既要，又要"

僵化的思维是鱼和熊掌不可兼得，战略思维是鱼和熊掌可以兼得。

有一处土地庙，土地公公享受着香火也保佑着乡民。这一天，土地公公到天庭去汇报工作，让土地婆婆帮着照看庙宇。

土地婆婆刚在庙里坐好，这时候进来一位商贩，他烧香后就祈求道："我来这里贩卖食盐，恳请您不要下雨，要是不下雨，等我把盐卖出去，就给您上高香。"

土地婆婆一听，这还不好办？不下雨就是了。

然而商贩刚走，又进来几个农民祈求道："土地公公，请快点下场及时雨吧，地里面的西瓜都快旱死了，你若下场及时雨，我们给您供奉猪头！"

土地婆婆一听，这下可为难了，一个不让下雨，一个让下雨，怎么办？

一时真不知道如何是好。

这时候，又进来一个男人来祈求："我有急事要过河，请不要刮大风。"

没过多会儿，又进来几个老头祈求："我们十里八乡要在一起打麦子扬场，请刮场大风。"

土地婆婆一听，这下可为难了，一个让刮风，一个不让刮风，怎么办？

正当土地婆婆左右为难时，去天庭汇报工作的土地公公回来了。土地婆婆问他这种情况怎么办。土地公公笑笑说："**东边日出，西边雨；麦场刮风，江没风。**"

土地婆婆一听，连忙点头称是。

**"既要下雨，又要晴天"，是生活、工作中经常遇到的矛盾与要求，而这时，如何提出"创造性的解决方案"就是解决难题的思维方式之一。**

1891 年，加拿大的史密斯博士在美国提倡篮球运动。

早期，篮板上的是个真正的"筐"，就像我们身边的废纸篓一样。每当球员把球投进去的时候，就有一个人专门踩在梯子上把球拿出来。为此，比赛不得不断断续续地进行，缺少紧张激烈的气氛。

为了让比赛更顺畅地进行，人们想了很多取球的方法，都不太理想。

1906 年，人们制成了拉线式空心篮筐，在下面一拉就能把球弹出来，不过这种方法仍没能让篮球比赛紧张激烈起来。

既要保持投篮的比赛形式，又不能断断续续地比赛，这个问题就这样存在了 30 年。

1921 年的一天，一位父亲带着他的儿子来看球赛。小男孩看到大人们一次次不辞劳苦地取球，不由大惑不解：为什么不把篮筐的底去掉呢？

一语惊醒梦中人，人们不仅去掉了筐底，还把那个"筐"改成线绳编织的篮网，于是才有了今天我们看到的篮网样式。

**很多时候，人们被习惯性的观念限制，无法在"既要，又要"的要求下提出创造性的解决方案。**

中国在实施"算力"工程布局的时候，发现东部地区对算力的需求非常高，但是在东部地区建设"数据中心"的土地成本和能源成本又非常高——既要大幅度提高算力，又要降低土地成本和能源成本，怎么办？

于是就有了"东数西算"的创造性解决方案，把东部地区的数据传送到西部地区计算，既节省了成本，又满足了算力大幅提升的需求。

但新的问题出现了，有一些数据需要快速响应，如工业互联网、金融证券、灾害预警、远程医疗等。既要快速响应，又要"东数西算"，那怎么办呢？

2022 年，中国在京津冀、长三角、粤港澳大湾区、成渝、内蒙古、贵州、甘肃、宁夏 8 个地区启动建设国家算力枢纽节点。这些算力枢纽主要负责必须快速响应的数据处理业务。而后台加工、离线分析、存储备份等，则可以向西部的算力枢纽转移，由那里的数据中心来承接。

**这种"近远结合、快慢协调"的数据中心布局，创造性地解决了算力资源"既要，又要"的问题。**

乔布斯在开发 iPhone 的时候，为了抢在 2007 年能够上市，安排了两支研发团队同时攻关。开会的时候，一位主管强烈主张配备物理键盘，理由是士气正盛的黑莓、诺基亚等手机都有物理键盘，并称选择触控方案是"在做出错误的决定"。

但是乔布斯的要求就是**"既要最大的视觉面积，又要最大的操作面积"**。谁都知道，"一旦乔布斯做出了决定，上帝也难改变"。随后，团队只能全力朝着乔布斯的要求努力。

当产品完成后，所有人都赞叹不已。苹果设计出 3 款不同版本的 iPhone，开发出 6 款功能完整的原型机，每一款都各具特色，每一次变化都牵一发而动全身，每一次背后都是复杂的大工程。

**乔布斯认为，重复与别人一样的事情毫无价值。**

他用"创造性的解决方案"领先于时代。

我们从小就接受"鱼与熊掌不可兼得"的教育，缺乏对创造性解决方案的思考。矛盾无所不在，能够实现矛盾的既对立又统一，就是一个"创造性的解决方案"。所有的成功者几乎都因一个创造性的解决方案脱颖而出。

药片很苦，小孩子不喜欢吃药，既要治病，又要顺利地把药吃下去，于是有了糖衣片。

做饭很麻烦，耗费时间，但是孩子很想吃到妈妈的味道，怎么办？亚明食品把肉、菜进行预制加工，妈妈可以拿来直接烹饪，既满足了孩子的味蕾，又节省了妈妈的时间。

人们骑自行车既想跑得更快，又想少花钱，于是在自行车上加上一块电池，就成了电动自行车。

永康拖拉机厂创建于 1961 年，是全国最早生产、出口手扶拖拉机的企业。它在多年的生产、研究的过程中发现，长期使用传统拖拉机会使水稻田渐渐板结。那么如何"既保证拖拉机的动力，又避免因为反复使用压实土地而板结呢"？

经过反复试验，永康拖拉机厂最终选定了"三角形塑胶履带"的方案，创造性地解决了"动力"与"土地板结"之间的矛盾。

生活中，很多企业的年度目标总会提到"既要，又要"的要求，问题在于，在两个截然不同的方向上用力，对管理者而言需要极高的智慧和执行力。

但是，**就像乔布斯所说，"重复与别人一样的事情毫无价值"！只有采取创造性的解决方案才能赢得竞争！**

# 你也可以改变游戏规则，凡人也能创造非凡

一天真的要吃 3 次饭吗？减肥一定要节食吗？卖东西一定要低价吗？这个世界上有很多你习以为常、认为不可撼动的规则，它们并不是法律，都可以改变。就像马斯克将 7000 节电池捆绑在一起就能驱动汽车，所以，谁说电池只能安装在手机上？

哥伦布发现美洲的事，想必很多人都听说过，但在当时，很多人认为哥伦布发现美洲只是源于运气，如果其他人有他的运气，也可以做到。

在一次宴会上，一位贵族向他发难道："哥伦布先生，我们谁都知道，美洲就在那儿，你不过是凑巧先上去了呗！如果是我们去也会发现的。"

面对责难，哥伦布不慌不乱，拿起桌上的一个鸡蛋对大家说："诸位先生们、女士们，你们谁能够把鸡蛋立在桌子上？请问你们谁能做到呢？"大家跃跃欲试，却一个个败下阵来。哥伦布微微一笑，拿起鸡蛋，在桌上轻轻一磕，就把鸡蛋立在了那儿。

哥伦布说："是的，就这么简单。发现美洲确实不难，就像立起这个鸡蛋一样容易。但是，诸位，在我没有立起它之前，你们谁又做到了呢？"

为什么别人都没有发现美洲？为什么别人都无法立起来鸡蛋？

因为普通人都是按照既定的路线走，面对一个鸡蛋也没有冒险、敢于尝

试的精神，不敢冲出已经被千万人走过的、被认为最安全的路。他们循规蹈矩，别人没做过的事，他们都不去做，更不敢打破心中固有的思维和认知，他们只敢跟着经验走，但创新就是打破传统做一件别人没有做过的事。

想想孩子上学的时候，都是怎么分班的？

最传统的方式是按照性别分班，男生一个班级，女生一个班级；之后又出现了按照成绩分班，学习成绩好的是 A 班，也叫尖子生班，学习成绩差的学生依次要被分到 B 班或 C 班。

现在分班的模式有多少种？

根据学生的特长、兴趣爱好分班，喜欢画画的分在一个班级，喜欢打篮球的分在一个班级，喜欢弹钢琴的分在一个班级，等等；有的学校根据家长的阶层分为贵族班、精英班、普通班。

以前，在人们的认知里，认为分班只能按照年龄和性别，但现在却打破传统的固有方式，因材施教。

很多人都知道马斯克的名字，也知道他做的星链计划和新能源汽车，但你知道马斯克又进入了教育行业，改变了整个教育行业的规则吗？

马斯克在美国加利福尼亚州一个厂区里创办了名叫"Ad Astra"的学校，采用了与传统教育完全不同的体制。

他之所以创办这所学校，是因为他并不喜欢自己孩子所在的学校墨守成规、采用教条式的教育方法。

**传统的教育模式是学校教什么，学生就学什么。但马斯克认为，孩子喜欢什么就应该让他们学什么。**

马斯克说："我要做的是一种截然不同的教学方式，让教育适配孩子，而不是孩子适应教育。"

（1）Ad Astra 取消全世界广泛使用的年级制度，通过能力和兴趣评估，把学生编到不同的学习小组中。比如，8 岁的学生如果在数学方面展现出明显的天赋，就完全可以和 12 岁的孩子们一起上数学课。

（2）马斯克认为，老师未必需要专业的教师资格证。在 Ad Astra 里，很多老师都不是科班出身，没有接受过正规的教师培训，更没有教师资格证。

他喜欢让思维"爆炸"的数学家教授数学，让艺术细胞"爆表"的画家来教美术……

（3）设置丰富多彩的课程。学校没有固定的课程表，根据既有的师资情况，有针对性且又灵活地构建课程框架。

学校与世界上其他国家的课程都不同，没有音乐、体育、语言等科目，更重视数学、科学、工程学和伦理学等科目。学校给予学生充足的团队协作时间和大量的试验性项目，如设计编程、人工智能、机器人、火箭喷射器等议题。

（4）课程内容由学生研讨、决定。每年，学校的课程内容都会更新一次，大约一半的授课内容由学生自己决定。

（5）不需要统一的校服。很多学校都要求孩子穿着统一的服装去上学，并规定学生的发型都要中规中矩，还不能戴配饰。但马斯克却希望学校能培养出自由的灵魂，孩子们可以自由选择服装和造型。

因为马斯克没有束缚孩子们的灵魂，没有束缚孩子们蓬勃的想法，让孩子自由自在地向上生长。这所颠覆教育行业、改变游戏规则而建立的学校得到很多人的欢迎。这所学校对孩子的录取资格与众不同，要回答学校准备的14个脑洞十足的难题，涉及湖、彗星、巧克力、火星人、恐龙、外星人等问题，需要孩子在观看问题视频后的3分钟内做出回答，若答案没有创新，就无法获得录取资格。

**创新是打破人们心中既有的认知模式，甩掉约束理念，改变游戏规则，实现突围。**

**在商业中，竞争的底层逻辑从来都不是比对手做得更好，而是用不同取得胜利。**

齐国的大将田忌很喜欢赛马，他和齐威王约定进行比赛。

比赛的时候，要上等马对上等马，中等马对中等马，下等马对下等马。由于齐威王每个等级的马都比田忌的马强得多，所以比赛了几次，田忌都失败了。田忌觉得很扫兴，他的好朋友孙膑拍着他的肩膀说："我刚才看了赛马，齐威王的马比你的马快不了多少呀。"

孙膑告诉田忌：第一局以下等马对齐威王的上等马，结果输了；第二局拿上等马对齐威王的中等马，获胜一局；第三局拿中等马对齐威王的下等马，又战胜一局。比赛的结果是三局两胜，田忌赢了齐威王。

还是同样的马匹，调换一下比赛的出场顺序，就得到转败为胜的结果。

在商业中也有这样的例子。2000年左右的苏宁和国美打得"头破血流"，双方都在抢占线下市场，看谁开的店面多，谁就胜利。但零售一定要开实体店吗？

商业的本质是商品交换，不见面能不能交换呢？

线上也可以。

所以在双方打得你死我活时，京东从线上突围，成为知名的电器电商平台。

在京东和淘宝竞争的时候，线上市场还能怎么做？

**拼多多的出现再次震惊消费者，震惊整个商界：人人都在抢一线市场，拼多多却做起三线市场消费者的生意。**现在拼多多的市值是多少？

达到了946.27亿美元，这足以说明拼多多的成功。

在欧美、日韩的汽车品牌都在努力提升汽车的防撞性、减少燃油量、充满动力的时候，特斯拉从绿色能源、新消费、设计美学的角度树立了新的购车标准，直接改变了整个行业的游戏规则。

在人们都认为互联网时代的创新，只能从1G、2G、3G、4G、5G慢慢迭代的时候，马斯克做了什么？

他提出星链计划，计划用4.2万颗卫星打造宇宙互联网，向全球任何范围内的人提供WiFi。截至2020年，SpaceX已在太空发射600颗卫星，占地球上空正使用卫星总数的1/4。

马斯克的创新难道就没有天花板吗？为什么他每次都能颠覆行业，让商业世界的人都感到震惊？

**想要改变游戏规则，就要找到真正的破局点。马斯克的创新一直都没有枯竭，是因为他找到了创新的第一性原理。**

马斯克曾在接受TED主持人采访时，阐述了他的"第一性原理"："我们运用第一性原理，而不是用比较思维去思考问题。我们在生活中总是倾向于比较，别人已经做过或者正在做的事情我们也去做，这样只能产生细小的迭代发展。第一性原理的思考方式是用物理学的角度看待世界，一层层拨开事物表象，看到里面的本质，再从本质一层层往上走。"

我们来看马斯克是怎么通过第一性原理做创新的：人人都觉得新能源汽车很难做，但马斯克的创新却颠覆了众人的认知。

人人都知道特斯拉的续航里程能达到 500 千米，但有网友拆开过一辆报废的特斯拉汽车，看到底盘后车主傻眼了，他说难道花 30 多万元买到的车，竟是用 7000 节 "5 号电池" 拼凑出来的吗？

电动车能跑起来是因为有电池，而电动车的容量小、续航里程短，想要超长的续航里程，把很多电池串联在一起，形成一个拥有巨大能量的电池包，不就可以实现超长的续航里程吗？

特斯拉在早期研究电动汽车时，也遇到过电池成本居高不下的难题。每辆特斯拉电动汽车的成本中，电池的成本将超过 5 万美元。高昂的电池成本导致特斯拉第一款电动跑车的整车成本为 12 万美元。

马斯克是怎么运用 "第一性原理" 的？

马斯克想到汽车的主要成本在于电池，他干脆把电池拆了，分解原材料，他发现如果分别从伦敦金属交易所购买这些材料，仅需花费 82 美元/（千瓦·时）的成本，约为电池总成本的 13.7%。所以，马斯克找到了有效降低电池成本的方法，一举将电池成本降至当时全行业的最低水平。

还有很多人认为公牛的产品跨界很大，从插座到开关、照明、充电桩，都有涉及，但实际上公牛也只做了一件大事，叫作 "电连接"。

电影《教父》中曾有这样一句台词：**一秒看透本质的人和一辈子都看不透本质的人，有着本质区别，他们的人生会有完全不同的结果。**

理解本质，洞察到运行的方式后，就会知道规则只是外在的约束，而能找到本质进行突破的人，往往能很轻松地获得成功。

## 第九节

# 战略思维帮你穿越经济周期

为什么大多数企业，终生忙碌却无成果？因为它们追着风向跑，认可"站在风口上，猪都可以飞起来"的理念，以至于东一榔头，西一棒槌，各行各业都浅尝辄止。但真正强大的企业，如华为、亚马逊，都是在一个领域坚持，打造绝对的竞争力，穿越经济周期。

你有没有见过这类人，他们很聪明，曾经也小有成就，但他们不甘心目前的成就，渴望赚到更多的钱，所以他们看到什么火就干什么："比特币"火的时候，就赶紧买；P2P 火爆的时候，赶紧投资搞理财；股票上涨的时候，就立刻把钱投进去；房价上涨的时候，立马把资金转移，开始炒房……他们干得热火朝天，最后却是竹篮打水一场空。

这些人信奉的是"不试试怎么知道，万一成功了呢"的鸡汤，他们做事只看眼前，注重当下感受，喜欢抱着部分幻想的心理，渴望抓住瞬息万变的机遇站在随时变化的风口上飞起来，渴望用最快速的方法获得成功，这就是典型的机会主义者。

但真正能获得成功的人，从来都不是机会主义者，而是长期主义的践行者。

什么是长期主义？谁是长期主义的践行者？

**"三十年河东，三十年河西"就是长期主义。**

长期主义者不注重当下，他们从时间的维度上思考未来；长期主义者的字典里，没有"机会主义"，他们讲究流水不争先，争的是滔滔不绝。

华为的任正非就是长期主义者。1992 年，任正非在为华为的未来拼搏时，当时的深圳流行"知识无用论"，科技人才都去炒房、炒股票，房地产和股票的泡沫让很多人一夜暴富。

任正非这种埋头苦苦钻研技术的老实人，还被其他人嘲笑"没前途，没眼光，没胆量"。但是任正非并没有听信别人的话，他一直深信技术可以改变未来。长期投入到技术研发中的任正非创办了世界级企业——华为！

再来介绍一位坚持用长期主义经营企业的人，亚马逊的创始人贝佐斯。

贝佐斯在 1997—1998 年就提出亚马逊的价值观——"坚持长期主义"。

贝佐斯为什么提出"长期主义"？

机会主义者渴望抓住"变"改变人生，但贝佐斯却站在时间的长河里思考亚马逊的未来。贝佐斯说他经常会被问及一个问题：未来 10 年，会有什么样的变化？但他很少被问道：未来 10 年，什么是不变的？

他认为第二个问题比第一个问题更重要，因为你需要将你的目光放得更长远，将你的战略建立在不变的事物上，才能创造更大的价值，存活的时间才能更久。

什么是不变的？

贝佐斯认为在瞬息万变的零售业中，有 3 件事是不变的：①最低的产品价格。②最快的配送服务。③无限的产品选择。

贝佐斯认为，即便再过 10 年也不会有客户跳出来说："贝佐斯，我爱亚马逊，但我就希望你的价格再贵一点，我希望你的配送慢一点。"

贝佐斯一直都在坚持长期主义，但你知道他为了不违背自己的价值观，又是怎么做的吗？

贝佐斯为了坚持执行自己的价值观，在 20 年的时间里，面临着赔本、高管纷纷离职、被华尔街大肆嘲笑的时候，他都没有放弃用"长期主义"完成

3 件不变的事。

（1）贝佐斯认为，世界上有两种企业：一种是尽可能地说服客户支付较高价格的企业；另一种是拼命把价格降到最低，把利润都让给消费者的企业。

这两种企业都可以获得成功。比如，苹果产品定价高，却获得全世界消费者的追捧，但贝佐斯依然坚持做后者，秉承客户至上的理念，不做让客户不满的事，他完全不被前者的成功影响，坚持天天低价，宣布当时业务量50%以上的图书和音像制品降至20%~30%。

（2）贝佐斯发现客户购买东西时最担心物流费用过高，亚马逊仅用1年时间就用3亿美元建设物流中心，并开通会员业务，消费99美元以上就能享受"免费送货"服务。

（3）亚马逊在全球188个不同的国家和地区运营，业务由100多个物流中心构成，在这个过程中，加入会员的客户在网站上的消费额平均翻了一番。第三方平台卖家看到亚马逊的发展潜力巨大，纷纷加入亚马逊平台，到如今，亚马逊在全球已有600多万第三方卖家，为亚马逊的客户提供各式各样的产品。

亚马逊自上市后就一直坚持"烧钱低价扩大市场份额的战略"，被华尔街认为离经叛道，但贝佐斯在他人的嘲笑中，依然坚持要做一家有长远发展的企业，他说："**我们的投资决策，基于长期市场领导地位这一目标，而非关注短期的盈利以及华尔街的短期反应。**"

长期主义者抓住"不变"。在20年亏损的情况下，依然不改变策略，这是贝佐斯给自己制定行为边界的前提条件。

不管未来如何变，无论是个人，还是企业家，都应该像长期主义者一样，只有找到"不变的东西"，在时间的长河里，在激烈的竞争中，能用"不变"为企业构建竞争的壁垒，才能一直留下来。

# 后　记

我从事商业战略管理咨询与品牌营销已经30余年了，越来越多的企业家和管理者来咨询和探讨在新时代环境下的经营逻辑与商业方法。

我告诉他们："环境的变化是快速的，但人性在本质上无变化，抓住商业运行的基本常识是成就卓越企业的商业大道。"

虽然今天已经进入第4次工业革命时代，尽管信息在每时每刻都像海浪般汹涌澎湃，各种形式的创新令人眼花缭乱，但人性的基本逻辑不变，如人性的贪婪、人性的喜怒哀乐、对于需求的多快好省等，其本质都没有变化。所以在变化中抓住不变的主线，利用不变的力量做大做强才是商业的基本逻辑。

当我们找到商业赖以生存的底层逻辑后，就不会再飘忽不变，东一榔头西一棒槌；当我们找到顶层设计后，目标会更坚定，步伐会更稳健。心有所属，方能命自我立。如果心若找不到归属，一生都是在漂泊，走不出认知的牢笼，到哪里都是流浪。

本书就是回答成千上万位企业家学员提出的各式各样的问题，我把它总结为从小白到商业精英的5步台阶，详细介绍商业的基本常识，我把它命名为"新商道"，希望在这个让人眼花缭乱的时代，送给各界商业人士以精神上的食粮，送上有缘人一块一块的商业砖石，以便你们建立商业大厦时所用。

感谢赞伯管理咨询集团的品牌战略管理专家李国伟，以及品牌营销专家彭秋、李兆良、郑显，感谢他们对本书内容的构建与支持。本书融合了赞伯管理咨询集团营销专家们 30 余年的管理智慧，他们的奉献让本书的价值更显著。

同时，还要感谢清华大学出版社的朋友们，得益于他们高效且卓有成效的工作，为本书尽快与读者见面赢得了宝贵的时间。

路长全

2024 年 1 月于北京